清と濁の間

銘文と考古資料が語る曹操とその一族

新・京大人文研漢籍セミナー 1

岡村秀典
向井佑介 著
森下章司

朋友書店

発刊の辞

明治に入るまで、海外の優れた学問や芸術は中国で著された漢籍を通じて日本にもたらされました。儒学書・歴史書・仏教書・詩書・医学書・農書・小説等々、多種多様な漢籍は重要な輸入品であり、朝廷・寺社・武士といった支配層だけでなく、民間に生きる人々も漢籍を通じて知を形成していたことは、現在、宮内庁書陵部、内閣文庫、寺社・大名家の文庫、商家・庄屋家や、それらを引き継いだ全国の図書館・博物館・資料館に、たくさんの漢籍が残されていることからも知られます。中国で失われてしまった漢籍が日本に残されていることも少なくありません。

京都大学人文科学研究所は世界有数の漢籍所蔵機関であり、現在、約三〇万冊の漢籍を所蔵しています。前身のひとつである東方文化学院京都研究所設立以来、九〇年以上にわたって中国研究に取り組んでいますが、とくに関連領域の研究者が会して漢籍を読み、衆知を集め正確な意味を知る共同研究を重視してきました。また、所蔵する漢籍については全文画像データベース「東方学デジタル図書館」、全国の諸機関に残されている漢籍については国立情報学研究所、東京大学東洋文化研究所附属東洋学研究情報センターと共同して「全国漢籍データベース」を構築し、漢籍研究の利便性の向上に努めています。

本研究所は、一九七二年以来、全国の大学・公共図書館などにおいて漢籍整理の業務に従事する図書館職員を対象に、漢籍担当職員講習会を開催してきました。これは、漢籍の取り扱いに関する知識と技術を普及し、学術資料としての漢籍の有効な利用体制の整備に貢献したいという思いからです。また多くの方々に中国研究の成果をわかりやすく解説し、漢籍や漢字文化への関心と理解を深めていただくことを目的に、二〇〇五年以降、毎年三月、「TOKYO漢籍SEMINAR」を開催してきました。幸い第一回「漢籍はおもしろい」以降、毎回、好評を博していますが、会場の収容人員をこえる参加者が集まるようになったため、抽選を実施せざるをえなくなりました。そこで聴講いただけなかったみなさまにも講演内容を知っていただくため、二〇〇八年から、『京大人文研漢籍セミナー』シリーズの刊行をはじめました。研文出版より発刊を始めた本シリーズは、二〇二四年二月まで一〇巻を刊行することができました。

二〇二三年一〇月、これまで「TOKYO漢籍SEMINAR」を主催してきた本研究所附属東アジア人文情報学研究センターは、人文情報学創新センターに改組しました。新たに日本の近現代研究に資する学術資源の収集・調査・研究・公開を担当する部門を設立しましたが、これまでと同様に、中国研究の拠点としての役割を果たすことに努めていきます。

二〇二四年三月一一日、改組した人文情報学創新センター主催による「ＴＯＫＹＯ漢籍ＳＥＭＩＮＡＲ」を開催しました。引き続き講演内容を書籍としてまとめることがたいせつであると考え、このたび朋友書店のご協力を得て『新・京大人文研漢籍セミナー』シリーズを刊行することになりました。

人文学は、いま私たちが生きていくために直面している課題の解決策を直接提示する学問ではありません。人文学の責務は、諸民族や諸地域の経験や先人の著作などを通じて、いまを生き、未来の地球社会のあり方を考えていくための基礎体力となる知を社会に発信していくことです。前シリーズ同様、多くのみなさまにご味読いただければ幸いです。

二〇二四年一〇月

京都大学人文科学研究所附属人文情報学創新センター長
岩　城　卓　二

はしがき

『三国志』の英雄、曹操――「治世の能臣、乱世の姦雄」と評されたその人物は、やがて華北に覇をとなえ、魏王朝の礎を築いていくこととなる。小説『三国志演義』（以下『演義』）において、曹操は、まちがいなく悪役である。主役である劉備は、漢の皇族の血筋というものの、その勢力は、曹操や孫権よりずっと弱い。曹操が樹立した魏の政権は、三国のなかで最強であり、それゆえに「悪」であらねばならなかった。

曹操は、当時「濁流」と呼ばれた宦官の家に出自し、そのことも彼が悪役とされる一因となっている。『演義』の第一回は、後漢桓帝が「清流」を弾圧して宦官を重用し、つづく霊帝のときに大将軍の竇武《とうぶ》と太傅の陳蕃《ちんはん》が宦官勢力を排除しようとして失敗したことから物語がはじまる。この事件をきっかけとして、「清流」が力を失い、「濁流」が跋扈したことが、後漢王朝滅亡の原因となったというのである。

当時、財力や武力によって政権を握っていた外戚や宦官が「濁流」と呼ばれたのに対し、儒教的理想を追求する知識人たちは「清流」と呼ばれた。「濁流」の宦官曹騰の家に養子として入った曹操の父の曹嵩は「その生出本末を審《つまび》らかにすること能わず」とさえ評されている（『三国志』魏書、以下『魏志』武帝紀）。しかし、そこから頭角をあらわした曹操は、単なる政治家や軍略家ではなく、一流の文化人でもあった。曹操のもとには、儒家的教養をもつ「清流」の知識人が多くつどい、また自身とその息子たちも一流の教養をそなえ、詩や音楽にも通じていたという。その背景には、曹操自身が「濁流」の宦官の家に生まれたという、出自へのコンプレックスがあるのかもしれない。

さて、中国では二〇〇八年に曹操の墓とされる西高穴二号墓が河南省安陽市で発見され、日本でも大きな話題となった。この墓が確かに曹操高陵であるのか、考古学や歴史学の研究者だけでなく、愛好家やメディアをも巻き込んだ論争が勃発し、曹操の末裔を自認する人たちのDNA鑑定結果と出土人骨との比較分析までおこなわれたことは、記憶に新しい。それから数年のうちに、河南省洛陽の周辺では曹操一族と関係する大型墓が複数発見された。二〇〇九年には曹操の族子であった曹休の墓が、二〇一五年には明帝曹叡の近親者のものとみられる西朱村一号墓が発掘され、三世紀前半の曹魏大型墓の実態が次々と明らかになってきた。それらとの比較により、西高穴二号墓が曹操高陵であることは、いっそう確実となった。

私たちは、二〇一八年四月から二〇二二年三月までの四年間、京都大学人文科学研究所の共同研究として「三世紀東アジアの研究」（班長：森下章司）を実施した。その論点は、中国・朝鮮半島・日本列島の考古学から『魏志』倭人伝まで、多岐にわたる。隔週で実施してきた研究会のなかで、とりわけ私たちが注目したのが、曹操高陵と西朱村一号墓から出土した大量の石牌だった。それは、高さ八・四センチメートルほどの小さな石の札に、本来墓に副葬されていたとおぼしき品々の名称・材質・数量・付属品などを記したものであった。

横穴式の石室墓や塼室墓が主流となった後漢から魏晋代の墓では、木材や布類など有機質の保存状態がわるく、また盗掘が横行したこともあって、埋葬当初の副葬品が完全な状態で発見されることはほとんどない。ところが石牌には、衣服・冠・装身具や木製の調度品など、すでに失われてしまった副葬品についての詳細な情報が記録されていた。発掘によって私たちが得られる情報が、いかに不完全であるかを、あらためて思い知らされた。共同研究により石牌銘文を検討した成果は「洛陽西朱村曹魏墓出土石牌銘選注」（『東方学報』九七冊、二〇二二年）および「曹操高陵出土石牌銘校注」（『東方学報』九八冊、二〇二三年）として刊行し、京都大学学術情報リポジトリ（ＫＵＲＥＮＡＩ）でも公開している。

本書は、この共同研究の副産物として、二〇二四年三月一一日に開催した第一九回京都大学人文科学研究所ＴＯＫＹＯ漢籍ＳＥＭＩＮＡＲ「清と濁の間——銘文と考古資料が語る曹操とその一族」における三本の講演を書籍化したものである。講演に参加してくださったみなさまから多くの質問をいただいたことは、たいへん大きな刺激となった。書名や章題はすべて講演タイトルと同じだが、各一時間の講演では十分に語り尽くせなかった内容を補い、学術的な研究成果を一般の読者にわかりやすく伝えるべく、努力したつもりである。

地中から発掘された考古資料と銘文、そして文献史料の記載を照合することで、何がわかるのか——書物の世界にとどまらず、出土文字資料と考古資料に焦点をあて、当時の貴族たちの乗物や宮廷生活、喪葬習俗など、さまざまな角度から『三国志』の時代を掘り下げ、曹操とその一族についての新たな歴史像を描きだすことにしたい。

二〇二四年八月

向井佑介

目次

三世紀の牛車と騎馬

――曹操から楊彪への書簡を糸口として――

岡村秀典

先見の明――言葉の由来について『後漢書』楊彪伝は、次のようなエピソードを載せる。二一九年、曹操は楊彪の子の修（脩）を殺害した後、彪に面会し、「あなたはどうして痩せてしまわれたのか（公何痩之甚）」と問うた。彪が答えるに「はずかしいことに、自分には金日磾のような〝先見の明〟がなく、老牛が子牛をなめて愛おしむようなものです（愧無日磾先見之明、猶懐老牛舐犢之愛）」と。これを聞いた曹操は顔色を失ったという。

その注には『漢書』金日磾伝をもとに「金日磾の子二人は、武帝の愛する所にして以て弄児となす。その後、弄児壮大にして謹まず、殿より下って宮人と戯る。日磾たまたまこれをみて、その淫乱を悪み、ついに弄児を殺す」という。このとき曹操は六五歳、翌年正月に病死する。対する楊彪は七八歳という高齢であった。

一　四世太尉

楊彪は一四二年に生まれ、二二五年に八四歳で卒した。曾祖父は楊震、以来四代にわたって三公をつとめた。妻は袁術の父の袁逢の姉妹。楊彪伝には「震より彪に至るまで四世太尉にして徳業相い継ぎ、（袁紹・袁術ら）袁氏とともに東京（後漢王朝）の名族たりと云う」とあり、注には西晋の華嶠『漢後書』に「東京の楊氏・袁氏は累世宰相にして漢の名族たり。然れども袁氏は車馬衣服きわめて奢僭たり。能く家風を守り、世の貴ぶ所となること楊氏に及ばざるなり」とあるのを引いて楊氏をたたえる。

四世大尉とはいえ、楊彪の後半生は波乱に満ちていた〔宮城谷二〇一四〕。一九〇年、献帝を擁立した董卓は長安への遷都を強行し、楊彪もやむなく同行する。二年後、董卓が呂布によって殺され、軍閥の主導権争いの中、献帝や楊彪らは命からがら長安を脱出し、一九六年七月、

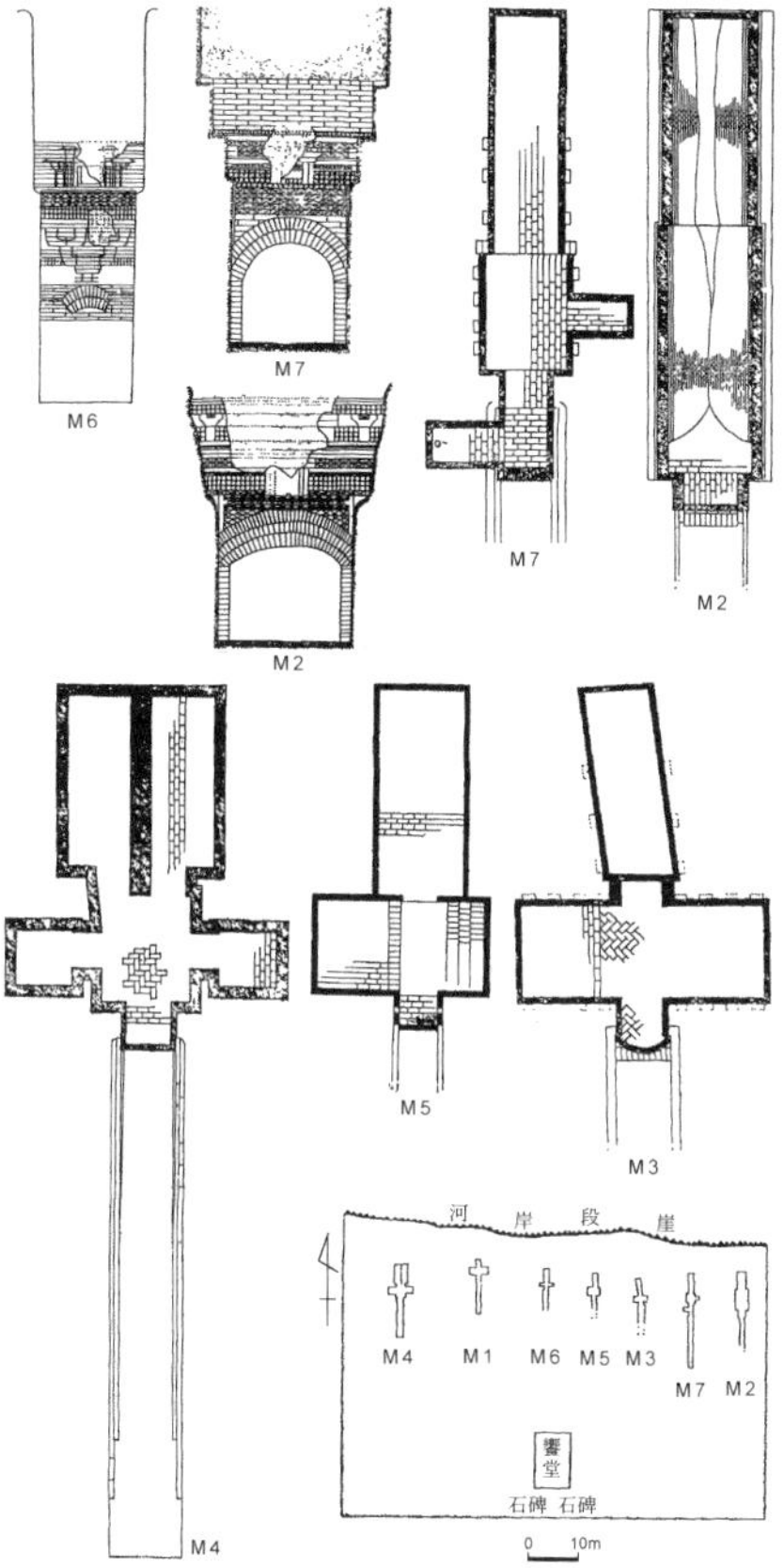

図１　陝西省潼関吊橋楊氏墓群
〔陝西省文管会1961〕縮尺不同

洛陽に帰還、翌月には曹操に迎えられて許に遷都する。楊彪はまもなく曹操と対立し、出仕しなくなったが、子の楊修は曹操に仕えるようになった。しかし、楊修はその才能を警戒した曹操によって殺害された。それが冒頭に紹介した事件である。

その楊氏一族墓地は、陝西省潼関県に所在している。墓域の北側は渭河によって削られているが、明万暦元年（一五七三）に修復され、饗堂や「漢大尉楊先生塋記」碑などが残存している。一九五九年に陝西省文物管理委員会が東西に並列する七基の塼室墓を発掘し（図1）、東端の二号墓から順に築造されたこと、五号墓から建寧元年（一六八）朱書「煬氏」鎮墓陶瓶が出土していることなどから、二号墓が一二六年に改葬された楊震の、西端の四号墓が二二五年に卒した楊彪の墓と推測した。王仲殊（一九六三）もこれを追認し、のこり五基の墓主について宋の欧陽脩『集古録』・趙明誠『金石録』・洪适『隷釈』に碑文が収録されている楊統（一六八年卒）・楊著（一六八年卒）・楊馥（一七八年卒）墓の比定を試みている。その是非は今後の課題としても、後漢後期から曹魏にかけての墓葬を考える恰好の指標となる。ちなみに楊彪墓に比定されている四号墓は、主室が二室並列し、方形に近い前室の左右に耳室が付設されている。スロープ状の墓道は長さ一七・二五メートル、甬道から後室奥壁までの内法は一一・四九メートルである。二二〇年に没した魏王曹操の墓室にはおよばないが、二二八年に没した大司馬曹休の墓室に比肩する規模である（本書向井論文参照）。

二　曹公の楊太尉に与える書

楊修の殺害後、曹操は楊彪に慰問の書簡と贈りものを送り届けた。その書簡は唐の『古文苑』巻一〇に収録され、隋の『北堂書鈔』巻一三三や唐の『初学記』巻二五などの類書にも一部収録されている。その全文は次のとおり〔安徽亳県《曹操集》訳注小組一九七九〕。

操より。あなたと力を合わせて漢朝を支えてまいりましたが、あなたは私を見捨てることなく、賢息を私の部下にしてくださいました。中原はようやく平定されたとはいえ、周辺地域はまだ安定していません。いま軍の遠征は大事な局面にあり、人びとは争乱を憂いています。私は軍令を制定し、主簿の任務を定めました。しかるに、あなたの賢息は尊父の威勢を駆り、しばしば私の意に背きました。そこで私は正しい道に改めようとしましたが、かれはすこぶる逆恨みしました。それでもかれは更正できると私は信じていましたが、ますます放埒に向かいました。このまま放置すれば、あなたのご家族にも累がおよびかねないため、やむなく私はかれを処刑するよう命令を下しました。あなたがた父子の情を思うと、私も同じように心が痛みます。これは決して喜ばしいことではありません。いま、あなたに錦裘二領、八節銀角桃杖一枝、青氈床褥三具、官絹五百匹、銭六十万、四望通幰七香車一乗、青牸牛二頭、八百里驊騮馬一匹、赤戎金装鞍轡十副、鈴毦一具、牽牛と馬丁の二人、併せてあなたの夫人に錯綵羅穀裘一領、織成靴一量、気の利く侍女二人を贈ります。あなたがたの左右に長くお仕えしますように。ささやかな、私の心ばかりのものですが、受領いただき、辞退なさらないようお願いいたします。

曹操が楊修を殺した経緯について『後漢書』楊彪伝に付す楊修伝は次のようにいう。楊修は「好学にして俊才」であり、丞相曹操の主簿として頭角をあらわした。二一九年、漢中をめぐる曹操と劉備との戦いが膠着し、曹操は「鶏肋」とだけ命じたところ、属官たちは誰一人その意味がわからなかったが、楊修は「鶏肋（鶏のあばら骨）は捨てるには惜しいが、食べても腹の足しにはならない」という意味、つまり鶏肋を漢中にたとえて撤退の意志を示したと解釈し、その準備をはじめた。はたして曹操は踵を返したという。このように楊修は機転が利くため、曹操はその才覚を恐れ、袁術の甥であることからも、後患の根を断ったとしている。また、その注に引く『続漢書』には、楊修は曹操の第三子の曹植と親密な関係にあり、酔った勢いで曹操の第二子の曹彰を誹謗したので曹操の怒りを招いたという。ことの真相は定かではないが、清流派の名望家である楊彪・楊修は、宦官の養子を父とする曹操にとって目障りなライバルであり、曹操の後継者をめぐって楊修は曹植に肩入れしていたから、楊修伝のいうように、目の黒いうちに後患の根を断った可能性が高い。

いずれにせよ、これは実際に曹操が楊彪に送った書簡そのものなのか、後世の手が一部加えられたのか、あるいはまったくの偽作なのか、その書誌学的な分析は筆者のよくなしうるところではないが、考古学からみると、曹操が贈ったという牛車と鞍馬は、漢から魏晋へ、古代から中世への変換点となる画期的な意味をもつ〔岡村二〇二一〕。節を改めてそれを検討しよう。

三　通幰牛車

曹操が楊彪に贈った牛車は「四望通幰七香車一乘」である。これを『御覧』巻七七五車部四は「四望通幰七香車二乘」、『初学記』巻二五器物部は「画輪四望通幰七香車二乘」とする。牛車は一頭の牛で牽き、このとき曹操は「青牸牛二頭」をセットで贈っているから、車の台数は「二乘」と解釈したのだろう。しかし、「駆使二人」は牽牛一人と馬丁一人とみられるため、牛車は一台であったと考えられる。『初学記』にいう「画輪」は『晋書』輿服志に「画輪車、牛に駕し、綵漆を以て輪・轂に画く、故に名づけて画輪車と曰う」とあり、彩色の漆でいろどった車輪や轂。「四望」は四方が見渡せる車。「通幰」は『釈名』釈車に「幰は憲なり。熱を禦ぐ所以なり」とあり、「憲（＝幰）」は「軒」に通じ、『一切経音義』十四には「布帛の車上に張るを幰と為す」とあるから、牛車の上に張った日除けの幕である。『釈名』を編纂した劉熙は漢末の人。曹操の時代には「通幰車」が実用されていたのである。『晋書』輿服志には「通幰車、牛に駕し、猶お今の犢車の制の如し、但だ其の幰を挙げて車上に通覆するなり。諸王・三公は並な之に乗る」という。曹操が楊彪に「通幰車」を贈ったことが確かなら、身分に対応した牛車の制度が漢末には萌芽していた可能性が高い。「七香車」は各種の香木で作った車。

そうした通幰牛車の画像は、北朝鮮の安岳三号墓にみることができる（図2）。墓誌や『晋書』慕容皝載記などによれば、墓主の冬寿（佟燾）は遼東郡平郭県都郷敬上里（遼寧省蓋平県）の人で、前燕から高句麗に亡命し、東晋永和十三年（三五七）に六九歳で没した。「使持節、都督諸軍事、平東将軍、護撫夷校尉、楽浪相、昌黎・玄菟・帯方太守、都郷侯」の職位にあり、その後三品将軍にあたる。墓室の東回廊には総勢二五〇人ほどからなる車騎行列図が描かれ、その後方に冬寿の乗る通幰牛車があらわされている。車箱は四方が見渡せる倚子形で、山形の側面を黒く縁取りし、後面には赤く塗った長方形の板がある。箱の両側には三本ずつ支柱が立ち、日除けの白い幰で車と牛の上を覆っている。冬寿は武冠をかぶり、手箒状の麈尾を手に執っている。車の右前には「聖上幡」という朱書の黒旗を掲げる車夫が歩行し、左手で牛を牽いている。「聖上」とは君主であり、車上の冬寿を指す。車輪と轅は黒色で、轅はまっすぐである。幰を

図２　「冬寿」墓の車騎行列図〔朝鮮1990：19〕

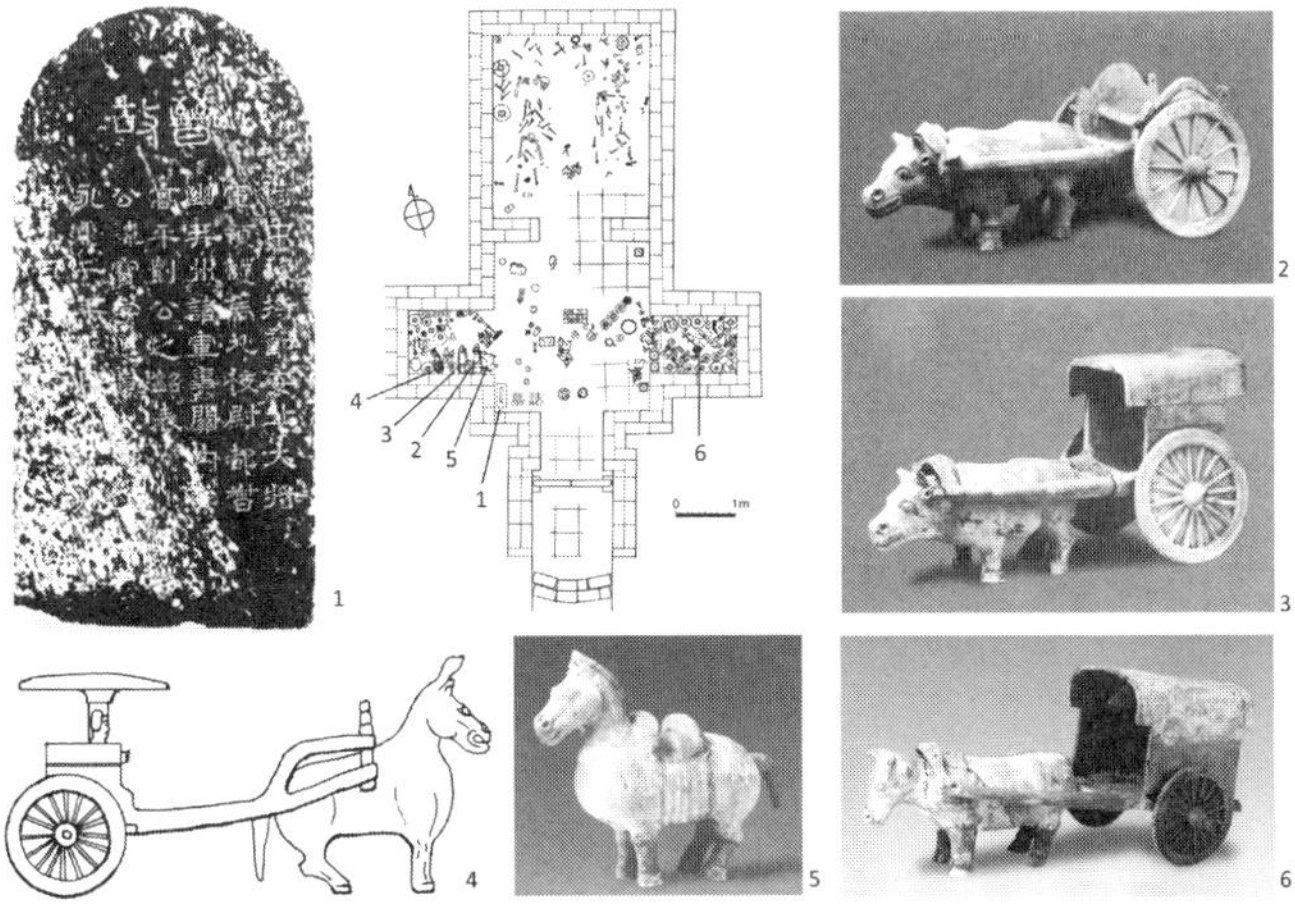

図３　「劉宝」墓とその出土品〔山東鄒城市2005：図５・58・42・41・43・12・14〕

挙げる支柱二本は車箱の側面からV字形に立ち、一本は轅の途中から前方に伸び、赤い紐が飾りとして結び付けられている。

このような牛車の模型として、山東省鄒城市の西晋安北大将軍「劉宝」墓から出土した陶製明器がある（図3の2）。南向き塼室墓の西側に劉宝、東側にその夫人を埋葬し、西耳室前に石碑形の墓誌（同1）が設置されている。それによれば、劉宝は「侍中、使持節、安北大将軍、領護烏丸校尉、都督幽并州諸軍事、関内侯」の職位にあり、西晋永康二年（三〇一）に没している。冬寿より一ランク上の二品将軍であり、劉宝に属す西耳室には、東から鞍馬（同5）、倚子形牛車、カマボコ形屋根をもつ遮蔽式の牛車（同3）、馬一頭立て軺車（同4）の模型が副葬されていた。倚子形牛車の側板は冬寿墓と同じように山形を呈し、背板は失われているが、両側板の後ろに短い立柱があり、通幰の支柱を取り付けたと考えられる。夫人に属す東耳室にはカマボコ形屋根をもつ遮蔽式牛車（同6）が一台だけ副葬されていた。このことから安北大将軍の劉宝は、鞍馬、馬一頭立て軺車、倚子形と遮蔽式という二種の牛車を保有し、儀式の用途に応じてそれぞれを使い分けていたのであろう。

この鞍馬と三種の車はどのように使い分けられたのか。『晋書』輿服志は車馬の「安車」「軺車」と牛車の「雲母車」「皁輪車」「油幢車」「通幰車」という四種をあげている（表1）。「安車」は馬二〜三頭立て、「軺車」は馬一頭立てであり、三品将軍以上の「軺車」は「黒耳、後

表１　『晋書』輿服志の車制（小林2002を一部改変）

<table>
<tr><th>車種</th><th>官爵名</th><th>官品</th><th>装備や装飾など</th></tr>
<tr><td rowspan="13">安車</td><td>皇太子</td><td></td><td>駕三、左右騑。朱班輪、倚獣較、伏鹿軾。九旒、画降龍。青蓋、金華蚤二十八枚。／副車三乗。</td></tr>
<tr><td>王</td><td></td><td>青蓋車、駕三、左右騑。</td></tr>
<tr><td>皇孫</td><td></td><td>緑蓋車、駕三、左右騑。</td></tr>
<tr><td>諸公</td><td>一品</td><td>黒耳、駕三／ほかに朝車駕四・軺車を給される。</td></tr>
<tr><td>特進・二品将軍不開府非持節都督者</td><td>二品</td><td>黒耳、駕二／ほかに軺車を給される。</td></tr>
<tr><td>郡県公</td><td>一品</td><td>旗旂八旒、駕二、右騑。朱班輪、倚鹿較、伏熊軾、黒轓、皁繒蓋、画降龍</td></tr>
<tr><td>郡県侯</td><td></td><td>旗旂七旒、駕二、右騑。朱班輪、倚鹿較、伏熊軾、黒轓、皁繒蓋、画降龍</td></tr>
<tr><td>中二千石（卿）</td><td></td><td>皁蓋、朱両轓、銅五采、駕二、右騑／諸卿は五旒、画降龍。／太康四年、朝車駕四・安車各一乗を給す。</td></tr>
<tr><td>二千石</td><td></td><td>皁蓋、朱両轓、銅五采、駕二、右騑</td></tr>
<tr><td>千石、六百石</td><td></td><td>皁蓋、朱左轓、銅五采、駕二、右騑</td></tr>
<tr><td>王公之世子摂命理国者</td><td></td><td>駕三、旗旂七旒</td></tr>
<tr><td>其封侯之世子摂命国者</td><td></td><td>駕三、旗旂五旒</td></tr>
<tr><td>去位致仕告老</td><td></td><td>安車駟馬を賜う。</td></tr>
<tr><td>雲母車</td><td>王公</td><td></td><td>雲母を以て犢車を飾る。</td></tr>
<tr><td>皁輪車</td><td>諸王三公有勳徳者</td><td></td><td>駕四牛、形制は猶お犢車の如し。但だ皁漆輪轂、上に青油幢・朱絲縄絡を加える。</td></tr>
<tr><td>油幢車</td><td>王公大臣有勳徳者</td><td></td><td>形制は皁輪（車）の如し。但だ漆轂せざるのみ。</td></tr>
<tr><td>通幰車</td><td>諸王・三公</td><td></td><td>駕牛、猶お今の犢車の制の如し。但だ其の幰を挙げ、車上を通覆するなり。</td></tr>
<tr><td rowspan="6">軺車</td><td>三公下至九卿</td><td></td><td>黒耳、後戸</td></tr>
<tr><td>三品将軍以上
尚書令</td><td>三品</td><td>黒耳、後戸、皁輪</td></tr>
<tr><td>尚書僕射・中書監令</td><td></td><td>後戸、皁輪</td></tr>
<tr><td>列曹尚書</td><td>三品</td><td rowspan="2">漆轂輪</td></tr>
<tr><td>四品将軍</td><td>四品</td></tr>
<tr><td>侍中・黄門（侍郎）・散騎（常侍・侍郎）</td><td>三品</td><td>初拝及び謁陵廟のとき、軺車に乗るを得る。</td></tr>
</table>

戸、皁輪」であったという。また、侍中・黄門（侍郎）らは「初拝及び謁陵廟のとき、軺車に乗るを得」とあるから、オフィシャルな祭祀儀礼のときに用いられたと考えられる。通幰牛車は諸王・三公の乗る高級車であるから、二、三品将軍クラスでは僭越だが、「冬寿」墓の例からみると、オフィシャルな軍事パレードに用いられたのであろう。一方のカマボコ形屋根をもつ遮蔽式牛車は、「諸王・三公の勳徳ある者に特に之を加う」という「雲母車」、「王公・大臣の勳徳ある者に特に之を給う」という「油幢車」ではなく、劉宝夫人の牛車と同じ一般的な「画輪車」であり、日常的な出仕に乗用されたと考えられる。そして魏晋南北朝の考古資料からみると、男性貴族のプライベートな出立には鞍馬が利用されたのではなかろうか。

議論を戻すと、曹操は楊彪に通幰車とセットでメスの青牛二頭を贈っている。そのころ青牛は不老長寿の象徴とされていた。『後漢書』方術伝下によると、曹操は方士の甘始・東郭延年・封君達の三人を取り立て、その術を学んだが、封君達は「青牛師」と号し、かれらはみな百余歳および二百歳であったという。また、その注に引く『漢武帝内伝』には「封君達は隴西の人。初め黄連を服すること五十余年、鳥挙山に入り、水銀を服すること百余年、郷里に還り、二十の者の如し。常に青牛に乗る故に『青牛道士』と号す」とある。楊彪は高齢のため、おとなしいメスの吉祥的な青牛に車を牽かせたのだろう。

四　飾り馬

曹操はまた楊彪に「八百里驊騮馬一匹、赤戎金装鞍轡十副、鈴苞一具」を贈った。「驊騮」は一日千里を馳せる良馬の名（『荘子』秋水など）。匈奴の宝馬とされる「千里馬」などの例はあるものの（『史記』匈奴列伝など）、「八百里」馬はめずらしい。西晋武帝の叔父王愷（王君夫）が愛惜していた「八百里駮」という牛のエピソードが『世説新語』汰侈第三〇にみえるから、魏晋のころには貴族にふさわしい名馬とみなされていたのだろう。「赤戎」は赤い絨（練り糸）、「金装」は金具の装飾。彩色の練り糸や金具で飾った鞍と轡（はみ・はみどめ）が一〇セット付属していたのである。「鈴」は『説文』十四上に「鈴は令丁なり」とあり、リンリンと鳴る擬声語である。つづいて『説文』には「鉦は鐃なり。鈴に似て、柄の中は上下通ず」とあり、また「鐸は大鈴なり」とあるから、後漢時代に「鈴」は鉦鐸のように柄が付いた小さな鐸（ハンドベル）形の鳴り物であった。「鈴」の語からふつうに想起するのは、スリットのある球形の鳴り物だが、それは後漢時代に出現し（林一九七六：四二〇～四二一頁）、西晋以後に流行した。山東省臨沂市洗硯池一号西晋墓の西室棺内では、被葬者の腹部あたりから球形の金鈴四点と銀鈴一七点が出土している（山東省ほか二〇一六）。馬具の鈴が鐸形から球形に変わるのは五世紀に下るのだろう。「苞」は「彪」に通じ、飾りを意味する。『曹操集』はこれを「毦」とするが、意味は同じ。それでは「鈴苞一具」とは何か。

鐸形の鈴付き馬具は、四世紀後半の河南省安陽市孝民屯一五四号墓から出土している。それは南向きの土坑木棺墓で（図4の1）、南壁の龕内に陶磁器二点と牛腿骨一点、棺外の西北部に馬と犬の頭骨各一点と犬の指骨四組を副葬し、その習俗から慕容鮮卑の前燕墓と考えられている。棺内には墓主の頭の近くに鞍と鐙、その下に銜留や当盧、胸の上に胸繋と尻繋など実用の金銅製馬具一式を副葬していた。革帯の胸繋と尻繋には鐸形の鈴付き「鑾飾」八五点と杏葉七点が装着されている。「鑾飾」の逆笠形は径約五センチ、底部の孔に鐸形鈴の柄を差し込んで革帯に糸で結わえ付けるようになっており、鈴の高さは二・八〜四・〇センチ、鈴の四方には長方形孔があり、中に鈴舌の鉄球が入っていた（同2・3）。三二二年の南京市象山七号「王廙」墓から出土した鞍馬俑を参考に、王振江らは装飾的な馬具の原形を復元している（同4〜6）。すなわち、胸繋は馬の胸前にまわす一条の革帯で、尻繋は馬の尻にかぶせるU字形革帯三条とそれに直交する革帯七条からなり、格子状の革帯の交点と中間に一つずつ「鑾飾」を装着している。この復元案をみると、尻の全体を覆う装飾華美の尻繋であり、馬の歩行にともなう鈴の音もにぎやかであったと思われる。このような鈴付きの胸繋と尻繋が「鈴苞一具」であったのだろう。

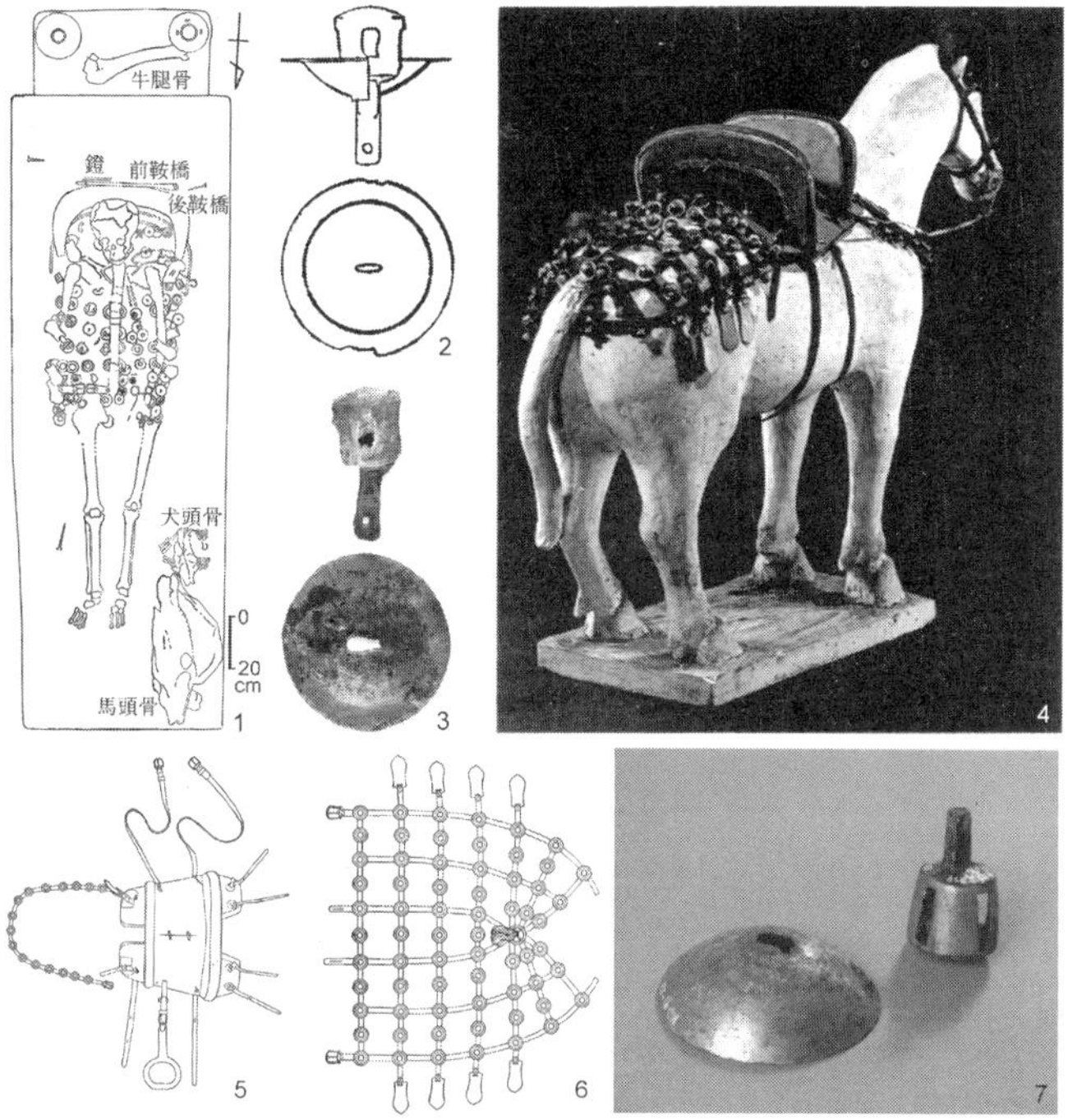

図4　安陽孝民屯154号墓と出土馬具の復元　1：安陽孝民屯154号墓平面、2・3：「鑾飾」〔中国社会科学院考古研究所安陽工作隊1983：図2、図5－8、図版2－6〕、4・5・6：馬具復元〔中国社会科学院考古研究所技術室1983：図版8－3、図4・5〕、7：韓国金海大成洞91号墳出土〔国立金海博物館編2020：177〕

類似の「鈴苞」はほぼ同時期の前燕墓である遼寧省朝陽市袁台子壁画墓から出土した馬具一式にもあり、その金銅製「円帽展沿形鈴」は一〇四点、杏葉は一〇点を数える〔遼寧省ほか一九八四〕。その数からみて、袁台子の尻繋は孝民屯のそれよりも豪華であったと考えられる。袁台子では金銅製の球形鈴も五点出土しており、それを報告者は出土位置から馬の頚に装着したと推測している。また、韓国金海大成洞九一号・九三号墳からも類似の金銅製「鈴苞」が出土し〔図4の7〕、前燕からの輸入品と考えられる。

漢代の尻繋は一条のU字形革帯をまわすだけの簡素な単条式であったが、漢末に二〜三条の革帯からなる複条式が出現し、西晋時代には馬の尻全体を覆うような格子式に発達する〔李二〇一八〕。曹操が楊彪に贈った「鈴苞一具」が、こうした前燕墓の例と同じような鐸形の鈴付き金具であったとすれば、格子式尻繋の出現も漢末にさかのぼる可能性があろう。曹操が楊彪に贈った鞍と轡を改めてみると、色とりどりの糸や金具で飾られたというから、前燕墓の例と同じように前代に例のない立派な馬具であった可能性があろう。

前五〜前三世紀のアルタイ地方パジリク墳墓群から出土した鞍は、革製の本体の中にシカの毛を詰めてクッションにし、下にはフェルトを敷いていた。前三世紀末の秦始皇兵馬俑坑から出土した陶製騎馬俑のそれをみても、クッション程度の軟質鞍がふつうであった。ところが、前漢後期に革製の軟式鞍に代わって木製の硬式鞍が出現する。モンゴルのノイン-ウラ六号墓から出土した鞍は、薄い木板二枚を中央で山形に重ね合わせた前輪と後輪であり（図5の1）、後輪の革製カヴァーは、濃茶・紅・黒色の糸で雲気紋を刺繍し、撚り糸をめぐらした革帯で縁取っている（同2）。漢宣帝が匈奴の呼韓邪単于に賜与した「安車一乗、鞍勒一具、馬十五匹」（『漢書』匈奴伝下）の鞍は、このような中国で開発された硬式鞍であったのだろう。後漢後期の甘粛省武威雷台墓出土の銅製鞍馬俑に付属する鞍（同3）や河北省涿鹿礬山五堡四号墓出土の陶製鞍模型（同4）は、横断面は山形、縦断面は「く」字形を呈し、前後の鞍橋が幅のある特徴をもつ同じタイプの硬式鞍であろう。このような鞍橋をさらに高大な拱形にしたのが「高橋鞍」である。『初学記』武部に引く『魏百官名』に「紫茸題（頭）の高橋鞍一具」とあり（孫一九八一／田二〇一六）、「茸」は「赤戎金装鞍韉」の「戎（絨）」と同音で、「題（頭）」は紋様。どちらも赤色や紫色の刺繍で飾った「高橋鞍」であったと考えられる。この「高橋鞍」すなわち両輪垂直鞍の最古の形象が二七一年の南京市幕府山「丁奉」墓出土の騎馬俑にみえる（同5）。馬上での安定をはかるため、前後の鞍橋が高くなり、身体をしっかりと挟み込む形にあらわされている。『魏百官名』の成書年代はわからないが、「赤戎金装鞍」が「高橋鞍」であるならば、両輪垂直鞍の出現は三世紀はじめまでさかのぼることになる。

この「丁奉」墓からは一六件の鼓吹騎馬俑が出土し、そのうちの一件は俑の左側の障泥に粘土紐を貼り付けて三角形の鐙をあらわしている（図5の5）。また、三〇二年の長沙市金盆嶺二一号墓では、出土した二〇体の騎馬俑のうち騎吏の三体にも左足側にのみ鐙が垂下している。この段階では片鐙の普及度は低く、いずれの騎乗者も鐙に足を掛けていない。おそらく「高橋鞍（両輪垂直鞍）」は馬上で身体を安定させるが、馬に乗るときには鞍の高い後輪が邪魔になるため、騎乗の補助具として鐙が利用されたのだろう。実用の鐙としては、孝民屯一五四号墓から全長二七センチの金銅製輪鐙、袁台子壁画墓から籐蔓の芯に革を張った全長二八センチの輪鐙が出土している。いずれも片側だけの鐙であり、例は少ないが、現状では三世紀に片鐙が出現し、四世紀後半までにはその利用が前燕に広がっていったと考えられる。

「丁奉」墓出土俑にみえる片鐙について報告者は、二三九年に呉の奮威将軍張承が八〇歳の呂岱に送った書簡に「また、跨躡を利用しなくても、馬にひょいと飛び乗っておられる。あなたは廉頗（将軍）以上にお元気なようです」（『呉志』呂岱伝）という「跨躡」に比定している（周・周二〇二三）。戦国時代に趙の老将であった廉頗は、老いてなお一食に一斗（約九合）の飯と十斤（約二・二キログラム）の肉を食べ、甲を着けて馬に乗ったという『史記』廉頗・藺相如列伝のエピソードを引いて呂岱の元気な様子をたたえている。このことからみると、三世紀前半には高齢者にやさしい騎乗具として「跨躡」が利用され、同時に「高橋鞍」がかなり普及していたことがうかがえる。したがって、曹操が七八歳の楊彪に贈った鞍もまた「跨躡」の付属する「高橋鞍」であった可能性があろう。

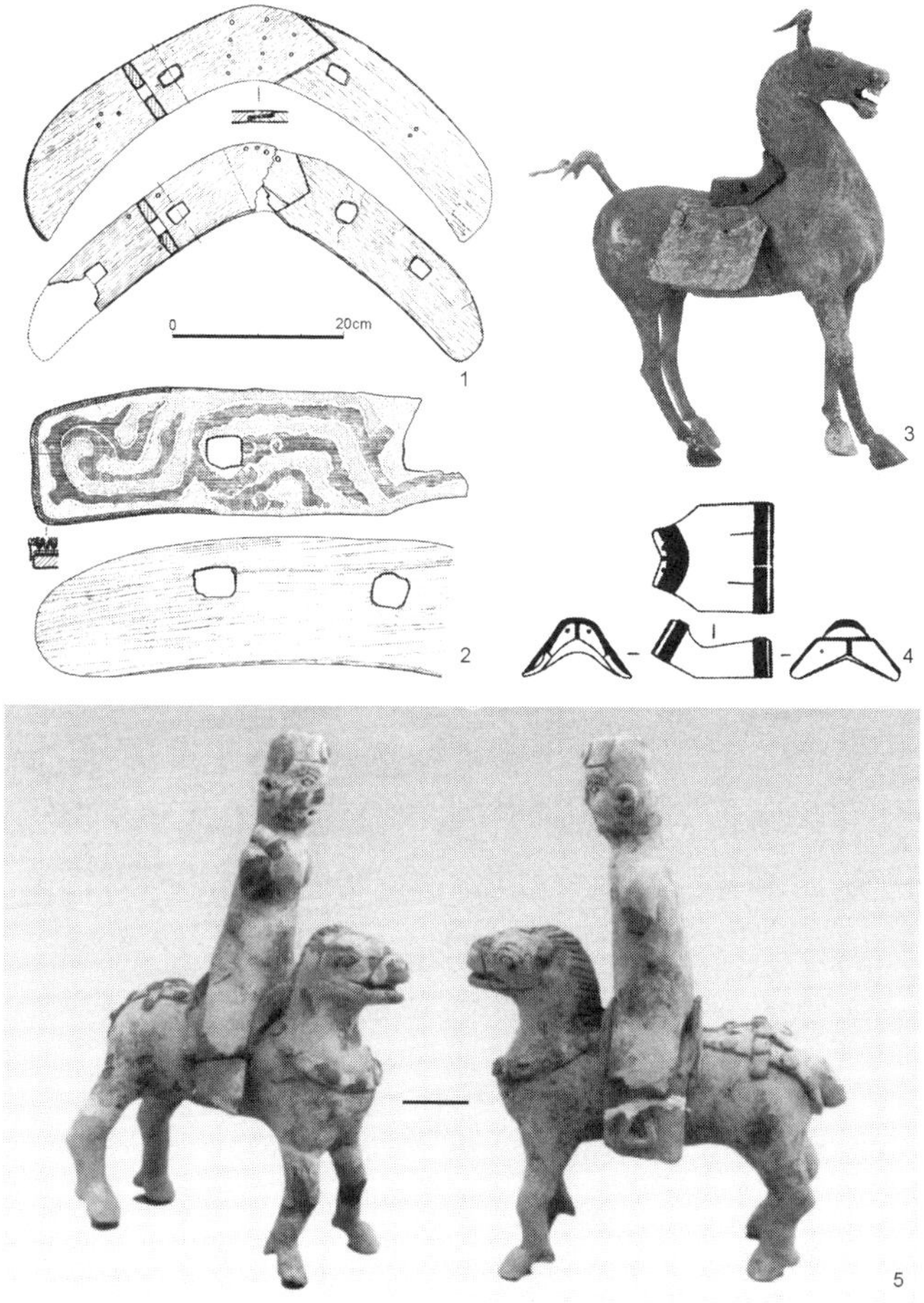

図５　鞍　１・２：ノイン-ウラ６号墓出土木製鞍橋と革製カヴァー〔梅原1960：図58〕、３：武威雷台漢墓出土銅製鞍馬〔新潟県・甘粛省編1990：図版38〕、４：河北省涿鹿礬山五堡４号墓出土陶製鞍模型〔張家口地区博1989：図11〕、５：南京幕府山「丁奉」墓出土騎馬俑〔周・周2023：図２〕

五　武氏墓群石刻にみる士大夫の意識変化

王・諸侯・卿大夫・士という周の身分制に対応する「用鼎制度」などの礼制は、春秋戦国時代の社会変動によって崩壊し、官僚制に対応する新たな身分表象として成立したのが輿服制度である。前一四五年、前漢の景帝は「夫れ吏たる者は、民の師なれば、車駕・衣服は宜しく称うべし」(『漢書』景帝紀)とする詔を下し、官吏は民の手本として車馬と衣服をわきまえるよう諭した。具体的には、官秩をもとに六百石以上の長吏と四百石以下とに分け、馬車の泥よけの轓(耳)によって長吏は二千石と千～六百石とに区別できる車制を制定したのである。地方官であれば、郡太守は二千石、県令は千石から六百石であるから、郡の長官、県の長官、属吏という三ランクに分け、その身分差を車馬という礼制で表象しようとしたのである。

車馬が官吏のステイタスシンボルになったのに対して、古代の牛車は主に運搬用の荷車として用いられた。居延から出土した前漢後期の「礼忠」簡によれば、馬一頭立て軺車の単価は五千銭、これに対して牛車は二千銭であった。漢代の官僚たちにとって、よほど落ちぶれない限り安価な牛車に乗ることはなかった。しかし、「(漢末の)霊帝・献帝以来、天子から士にいたるまでの貴族は常に牛車に乗るようになった」と『晋書』輿服志はいう。漢末の貴族たちは、なぜ軽快な車馬を棄てて遅鈍な牛車に乗り換えたのか。

山東省嘉祥県武宅山の西北麓に後漢後期の武氏墓群がある。墓地には石闕・石獅子・石碑と石室が宋代のころまで立ち並び、趙明誠『金石録』や洪适『隷釈』などにそれらの石刻文字が記録された。その後いったん埋没したが、一七八六年に黄易が数基の石室を発掘し、「武梁祠」「前石室」「後石室」「左石室」に分けて画像石を解体・保管した。ほどなくして翁方綱・阮元・馮雲鵬ら清朝の金石学者、近代にはシャヴァンヌ・大村西崖・関野貞・容庚らが相次いで調査報告を発表し、漢画像石の代表作として知られるようになった。現存する西側の石闕に刻まれた銘文には、一四七年に武始公・綏宗（梁）・景興・開明の四兄弟が計一五万銭を拠出して石闕と石獅子を造営したことが記されている。その四兄弟のうち武梁と武開明の碑文が『金石録』などに記録され、梁は一五一年に七四歳で、開明は一四八年に五七歳で没したこと、開明の子の武斑と武栄の石碑は現存し、斑は一四五年に二五歳で夭折、栄は一六七年ごろに没したことがわかる〔関野一九一六：二三一～二三〇頁〕。

石室はすべて内壁の全面に画像を彫刻する切妻平入建物で、大型二棟と小型一棟に復元されている〔Fairbank 1941〕。そのうち小型石室については『隷釈』が「武梁祠」に比定し、「前石室」は車騎行列図の榜題にみえる職歴が武栄碑のそれにほぼ一致することが確かめられている。すなわち、武栄碑は次のようにいう〔永田編一九九四：八九〕。

君　諱は栄、字は含和。『魯詩経』韋君章句を治む。闕幘（未冠）にして伝講す。『孝経』『論語』『漢書』『史記』『左氏』『国語』、広く学びて微をあきらかにし、貫綜せざるなし。久しく太学に遊び、藐然として高厲、双匹するものすくなし。学びて優なれば則ち仕え、州の書佐・郡の曹史・主簿・督郵・五官掾・功曹・守従事となる。年卅六にして汝南の蔡府君　孝廉に察挙す。郎中に□□、執金吾丞に遷る。孝桓の大憂に遭い、玄武に屯守す。感哀悲慟し、加えて害気に遇い、疾に遭いて隕霊し、□□□□。君は即ち呉郡府卿の中子にして、敦煌長史の次弟なり。（以下略）

栄は開明の子で、敦煌長史の斑の弟である。栄は若いころから魯の『詩経』や儒学を修め、みやこ洛陽の太学に学んだ後、帰郷して州郡の官吏を歴任し、三六歳のときに孝廉に推挙されて郎中となり、洛陽南宮の玄武門外の防衛にあたる執金吾丞となった。かつて父の開明と兄の斑も孝廉に挙げられており、武氏の出世頭の父子であった。しかし、一六七年に桓帝が崩御し、栄は悲しみのあまり病没したという。あるいは宦官が清流派の党人を弾圧した第一次党錮の禁がその前年に勃発しているから、栄の死はそれと関係しているのかもしれない。

「武栄祠」に比定されるのが「前石室」である。フェアバンクの復元によれば（図6の1）、石室は切妻式の瓦葺き屋根をかたどった平入二間の石室であり、後壁に小龕を付設している。

その前壁桁行西側（第一二石）の軺車に「督郵たりし時」、隔梁東面（第八石）の軺車に「君の市掾たりし時」「君の郎中たりし時」とあり、「君為市掾時」を除けば、いずれも武栄碑にみえる職歴と一致する。つまり、内壁上部には栄の輝かしい職歴を車騎行列図としてあらわしているのである。林巳奈夫（一九六八）は後壁上部（第四石）の車騎行列（同3、図では上下二段に分割）を例にその編成を検討している。すなわち、行列は右（西）から左（東）へと進み、左端には笏を手に出迎える進賢冠の文官が立っている。行列の先頭は、武冠を着け、環頭大刀を腰に差した導騎士二人である。その後ろには進賢冠の「門下賊曹」、武冠の「門下游徼」、進賢冠の「門下功曹」の軺車がつづいている。軺車の型式は三台とも同じである。「賊曹」は盗賊を取り締まる文官、「游徼」はその武官、「功曹」は郡県の人事担当である。つづいて長柄の棨戟をもつ騎吏二人（図の上段右端）、右手に便面、左手に環頭大刀をもつ伍佰（図の下段左端）が走っている。後続の「令車」には進賢冠の官吏が便面を手に坐っている。『広雅』釈詁一に「令は君なり」とあり、主車である。それには四維と泥よけの耳があり、ほかの軺車と比べて格が高い。『続漢書』輿服志の規定では六百石以上の車に該当する。栄は執金吾丞の任にあり、その官秩は『続漢書』百官志四に「執金吾一人、中二千石…丞一人、比千石」とあり、注に引く『漢官秩』には六百石というから、およそ比千石から六百石である。その後ろには四人の騎吏が二列に並んでいる。後方左側の馬だけ後ろを振り返り、その騎吏は進賢冠をかぶり、ほかの三人は幘をかぶる。行列のしんがりは「主簿車」で、進賢冠の主簿が後ろを振り向く。その後ろに進賢冠の文官が立って行列を見送っている。主簿は秘書官。輿服志に「公卿以下、県の三百石の長に至るまで、導と従に門下の五吏を置き、賊曹・督盗賊・功曹は皆な剣を帯び、三車もて導となし、主簿・主記は両車もて従となす」とあり、「武栄祠」の車騎行列はこの規定にほぼ準拠している。以上のように武栄の輝かしい職歴を石碑に記して顕彰するだけでなく、地上の祠堂に車騎行列図として描写していたのである。

栄の伯父が梁である。武梁碑は現存しないが、洪适『隷釈』巻六に「従事武梁碑」の釈文が収録されている〔岡村二〇二一：二七八〜二八一頁〕。

> 漢の故の従事武掾、掾の諱は梁、字は綏宗。掾は体徳忠孝にして、岐嶷として異なる有り。『韓詩経』を治め、闕幘にして伝講し、河雒・諸子・伝記を兼通す。広学甄徹して典□を窮綜し、□覧せざるなし。州郡請召すれど、疾に辞して就かず。衡門の陋に安んじ、朝聞の義を楽しみ、人を誨うるに道を以てし、川に臨みて倦まず、世に雷同するを恥じ、権門を闚わず。年従心を踰え、節を執り介を抱く。終始貳せず、彌いよ蓋を固くす。大位済せず、衆の傷む所となる。年七十四の、元嘉元年季夏三日、疾に遭い霊隕つ。ああ哀しいかな。孝子の仲章・季章・季立と孝孫の子僑、躬ずから子道を修め、家の有る所を竭し、名

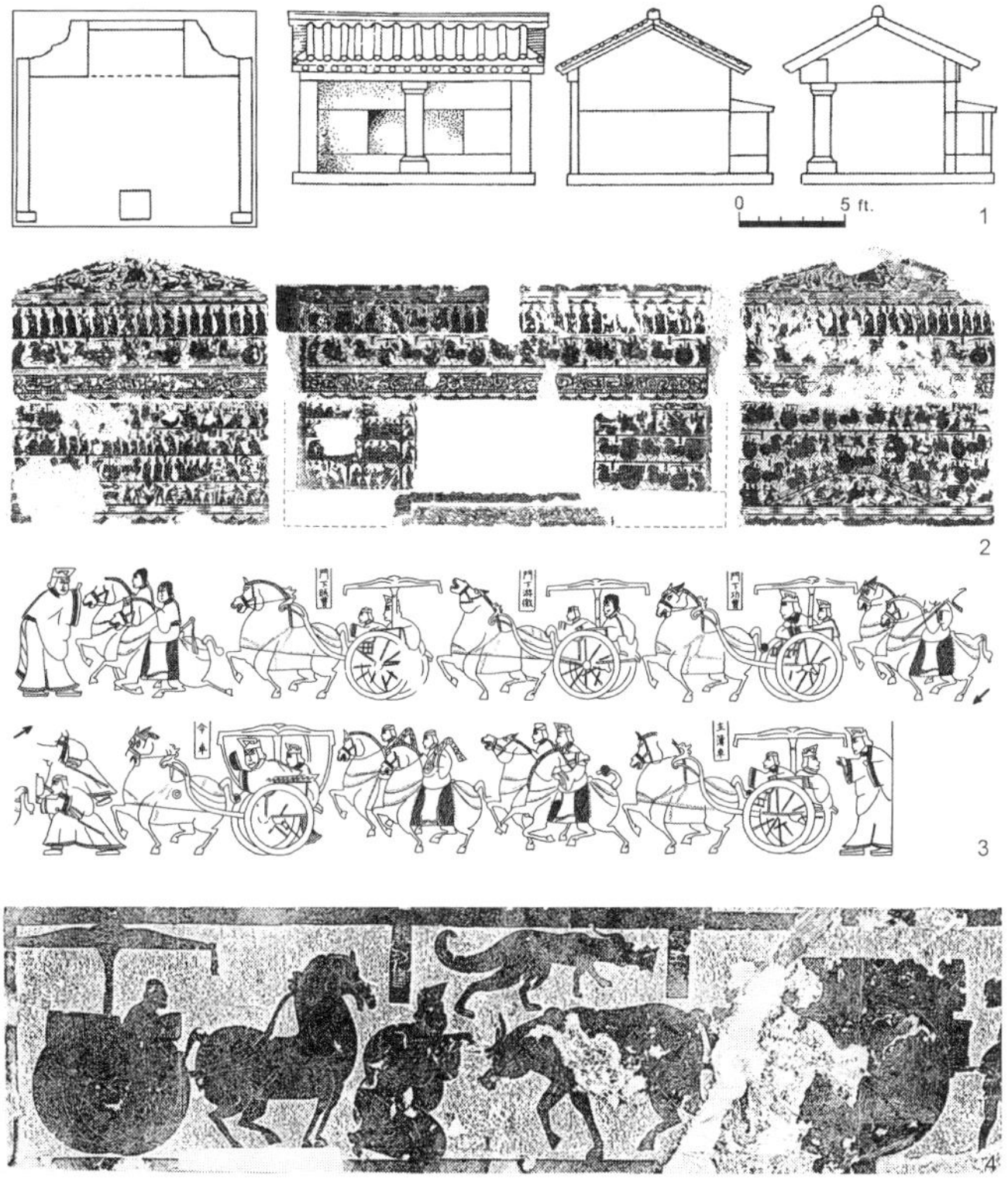

図6　「武栄」祠の車騎行列図と「武梁」祠の牛車図　1：「武栄」祠復元図〔Fairbank 1941：Fig. 3〕、2：同東壁・後壁・西壁の展開図〔蒋・呉1995：図23〕、3：同後壁上部の車騎行列図〔林1966：図5〕、4：「武梁」祠の牛車〔Chavannes 1913：no. 76〕

石を南山の陽に選択して、妙好にして色の斑黄なきを擢取し、前に壇墠を設け、後ろに祠堂を建つ。良匠の衛改、文を雕し画を刻み、羅列行を成し、技巧を攄騁して委蛇章有り。後嗣に垂示し、万世忘れざらん。(後略)

武梁は『韓詩経』(韓の『詩経』)を治めて「闕幘(未冠)にして伝講」し、河図洛書の類や諸子・伝記を修めた在野の学者である。それは甥の栄が『魯詩』を治めて「闕幘にして伝講」し、儒学を修めてみやこ洛陽の太学に学んだのと対照的である。このためか、一四歳ほど年下の開明、その子の斑と栄がみな孝廉に挙げられて出世街道を進んでいったのとは反対に、梁は州郡より辟召を受けても病気を理由に固辞し、世間や権力におもねることなく、粗末な屋敷に住まい、仲間たちとの談論を楽しんだ。従心(七〇歳)を過ぎたころに隠遁し、一五一年に七四歳で亡くなったという。ただし、碑の題記には「従事」とあり、州の役人に就いたことになっている。応劭『漢官儀』によると、従事は秩百石である。碑文の後半には梁の子と孫の四人が家財を尽くし、南山の南にて良質な石を選び採り、衛改という工匠が画像を彫刻して墓の前に祭壇、後ろに祠堂を建てたことが記されている。

「武梁祠」は三石室の中でもっとも規模が小さく、中央に柱のない平入り建物である。天井には天の祥瑞、左右壁の最上層には東王公と西王母があり(以下、この二神により東壁と西壁とする）、下の壁面は四層に分け、上三層に三皇五帝やさまざまな歴史故事、最下層に車騎行列や厨房、後壁中央の下二層に楼閣と連理樹をあらわしている。『隷続』が注意するように、榜題をもつものとして「伏戯」から「夏桀」、「斉公」から「秦王」、「管仲」から「李善」「莱子母」「秋胡妻」「長婦児」「後母子」「義漿羊公」など七六人、榜題がなかったり摩滅したりしたものが八六人あり、漢画像石の中でも人物図像の数と多様性において傑出している。信立祥〔二〇〇〇：一二八～一二八頁〕も儒教の仁を中核として忠・孝・節・義を基本とする道徳的規範をあらわした希有な例と評価している。それは武梁が「諸子・伝記を兼通」していたことを反映しているのであろう。

また、シャヴァンヌ〔Chavannes 1913: pp. 165–166〕が注意したように、東壁最下段の左側には軺車から降りて布帛をささげて跪く人物に「県功曹」の榜題があり、その前に「処士」の榜題をもつ牛車があらわされている（図6の4）。「処士」とは、儒家的學問と徳行を兼ね備え、家に在って官に就かないが、郷党の称賛をえている者であり〔鎌田一九六二〕、後漢の地方社会に急増した。ここでは地方豪族の一員であるにもかかわらず、州郡の請召を辞退した「処士」武梁の清廉潔白な生活表現が、半円筒形の幌を架けた粗末な牛車であったと考えられる。桓帝の辟召を辞退した京兆覇陵の韓康や州郡の請召を拒否した漢陽郡西県の趙壹も同じように粗末な「柴車（＝牛車）」に乗っていたという（『後漢書』韓康伝・文苑列伝下）。

六　車馬から牛車・騎馬へ

赤壁の戦い（二〇八年）前夜、荊州に南下してきた曹操に降服するか否かで孫権は逡巡していた。張昭ら北来の重臣を中心に、曹操に帰順すべきであるという意見が強かったが、魯粛は孫権に対して次のように述べた〔渡邉二〇一二：九八～一〇〇頁〕。

いまわたくし粛は曹操に降服することができますが、将軍（孫権）にはできません。なぜかと申しますと、いま粛が曹操に降服すれば、曹操は粛を郷里に託して、その「名位を品す（名声に基づく地位を評価する）」でしょう。（その結果に授けられる官は）下曹従事（州郡の上級属吏）より下にはなりません。「犢車（牛車）」に乗り、吏や卒を従え、「士林に交游（名士の仲間社会で交友）」し、官を累ねて（出世すれば）州牧や郡太守になることができます。将軍は曹操に降服して、どこに身を落ち着かれるつもりですか。願わくは急ぎ大計を定め、（降服を説く）多くの人々の議論を用いませんように。（『呉志』魯粛伝）

魯粛や張昭ら有力な豪族は、たとえ曹操に降服したとしても、郷里の「名位を品す」ことによって、牛車に乗り、吏や卒を従え、「士林に交游」して出世できるが、武力でのしあがった孫権には行き場がない、というのである。このころ牛車に乗ることが「品格」の表現のひとつになっていたことがわかる。また、同じころ曹操の下で人事を担当した毛玠は、清廉潔白を重んじ、六百石以上の長吏には「常に柴車（＝牛車）に乗る」清廉さを求めたという（『魏志』毛玠伝に引く『先賢行状』）。

郷里社会の名望（郷論）を重んじる漢末の士大夫の間に、車馬から牛車に乗り換えて「清倹」をふるまい、庶民に寄り添う風尚が広まった（劉一九九三）。また、平和な時代でこそ軺車は官吏のステイタスシンボルであったが、戦乱によって軍馬の需要が急増したこと、道路のメンテナンスが滞り、舗装道路でのみ走行できた馬一頭立て軺車はもはや無用の長物になってしまったことなど、さまざまな要因がからまって、車馬は急速に衰退し、庶民の利用する粗末な牛車が士大夫の乗用に転化したのである。しかし、魏・呉・蜀の三国形勢が固まり、士大夫の貴族化がはじまると、質素な荷車の形を継承しつつ、車内空間を大きく広げて乗り心地を良くしたハイグレードな牛車が出現する。曹操が楊彪に贈った通幰車はその初期の例であり、二三二年に夭折した魏明帝のむすめ平原懿公主曹淑の墓に比定される洛陽西朱村一号墓（本書の森下・向井論文参照）出土石牌の「雲母車」などからは、『晋書』輿服志にみえるような身分制に対応する新しい車制の成立は曹魏にさかのぼることがうかがえる。

一方、騎馬についてみると、前漢前期の湖北省荊州市鳳凰山八号墓から出土した遣策には〔金一九七六〕、「大奴（召使い）」が墓主の軺車を御し、従騎として馬に騎乗したことがわかる。また、漢代の「騎士」は一般の兵卒とちがい、馬を私有するくらいの財産があり、正規の官吏に任用される登龍門になっていたが、半官半民の身分であったという〔高村二〇〇四〕。しかし、地方官の場合、いざというときのために騎馬の訓練を怠ることができなかった。なかでも北辺に位置する後漢後期の内蒙古自治区ホリンゴール壁画墓では、「使持節護烏桓校尉」の車騎行列図にあらわされた騎吏・騎兵は一一五人を数え、導騎として「雁門長史」が行列の先頭に描かれている。辺郡の長史は郡太守に次ぐ要職で、車に泥よけの「朱左轓」が付加できる秩六百石であるが、馬を乗りこなしていたことがわかる。三国志の英雄たちも、ほとんどが騎馬に巧みであり、そうでなければ乱世を生きのこれなかったであろう。

官吏でも騎乗しやすいように、鞍の改良も進んだ。上述のように、前漢時代まではクッション程度の軟質鞍がふつうで、もっぱら騎射で戦う軽装騎兵のための鞍であったが、前漢後期に下ると、ノイン-ウラ六号墓出土例のような木芯革張りの硬質鞍が出現した。それによって乗馬に不慣れな官吏でも馬上で身体がある程度しっかり支えられるようになり、騎馬に長けた騎兵は長柄の矛を振り回して戦えるようになった。三世紀になると、鞍の前後両輪が高くなった「高橋鞍」が出現し、高齢者にやさしい騎乗用の補助具として片鐙（跨蹋）が用いられるようになった。二七一年の南京市幕府山「丁奉」墓から出土した騎馬俑は「高橋鞍」と騎乗用の片鐙をかたどっており、曹操が七八歳の楊彪に贈った鞍もまたそうした片鐙の付属する「高橋鞍」であった可能性が推測される。かつて樋口隆康（一九七二）は三〇二年の長沙市金盆嶺二一号墓出土騎馬俑にみえる鐙を例に、乗馬に不慣れな漢人が騎乗時の足掛けとして片鐙を発明し、のちに馳走中にも身体を安定させるための足掛けとして双鐙を使うようになったと推測した。「丁奉」墓の発見によって鐙の出現はそれより古くさかのぼることになったが、騎馬に長けた遊牧民ではなく、乗馬に不慣れな漢人こそが鐙を発明したという樋口の仮説は正鵠を射ている。

装飾的な馬具はもとより軍馬に必要ないが、ステイタスシンボルとなった車馬が衰退し、士大夫たちが馬に騎乗するようになると、それにふさわしい装飾的馬具が出現する。曹操が楊彪に贈った「赤戎金装鞍轡」や「鈴苞」はそのさきがけとなるものであり、赤く縁取った大きな障泥と「高橋鞍」をあらわした西晋安北大将軍「劉宝」墓出土の鞍馬俑（図3の5）や孝民屯一五四号墓出土例とそれに近い格子式尻繋をあらわした南京市象山七号「王廙」墓出土の鞍馬俑などは、貴族にふさわしい馬装の代表的な例であろう。

三〇七年に琅邪王司馬睿が建鄴（南京市）にのりこんだころ、かつて西晋に滅ぼされた怨みをもつ「呉人は附せざる」状況であったが、三月上巳の禊を観る行列に王敦や王導ら琅邪の名士たちが司馬睿に「騎従」したので、その「威儀」に驚いた紀瞻や顧栄ら呉人たちが「道左に拝した」とされ（『晋書』王導伝）、川勝義雄〔一九八二〕はそれが東晋建国のターニングポイントになったと評価する。象山七号墓の墓主「王廙」も琅邪王氏の出身で、司馬睿の下で司馬をつとめた。その鞍馬俑は司馬睿の行列に王導らが「騎従」したときの「威儀」を彷彿させるものであろう。このような装飾的馬具は、牛車とちがって晋の礼制に組み込まれることはなかったが、またたく間に前燕から高句麗、さらには朝鮮半島南部の加耶にまで拡散していった。騎馬民族征服王朝説では、北方草原地帯の遊牧文化がもっぱら注目されているが、朝鮮半島や日本列島の古墳から出土する馬具の源流は、むしろ魏晋に求めなければならない。

参考文献

安徽亳県《曹操集》訳注小組　一九七九「与楊太尉書」『曹操集訳注』中華書局

梅原末治　一九六〇『蒙古ノイン・ウラ発見の遺物』東洋文庫論叢第二七冊

王　仲殊　一九六三「漢潼関亭弘農楊氏冢塋考略」『考古』第一期

岡村秀典　二〇二一『東アジア古代の車社会史』臨川書店

鎌田重雄　一九六二「後漢の処士」『秦漢政治制度の研究』日本学術振興会

川勝義雄　一九八二「東晋貴族制の確立過程」『六朝貴族制社会の研究』岩波書店

金　立　一九七六「江陵鳳凰山八号漢墓竹簡試釈」『文物』第六期

国立金海博物館編（諫早直人監修・翻訳）　二〇二〇『馬に乗った加耶』日本語版展示図録
小林　聡　二〇〇二「西晋における礼制秩序の構築とその変質」『（九州大学）東洋史論集』第三〇号
山東省文物考古研究所・臨沂市文化広電新聞出版局　二〇一六『臨沂洗硯池晋墓』文物出版社
周夢円・周保華　二〇二三「南京東呉丁奉墓出土釉陶騎馬俑及相関問題探討」『考古』第九期
蒋英炬・呉文祺　一九九五『漢代武氏墓群石刻研究』山東美術出版社
信　立祥　二〇〇〇『漢代画像石綜合研究』文物出版社（同一九九六『中国漢代画像石の研究』同成社）
関野　貞　一九一六『支那山東省に於ける漢代墳墓の表飾』東京帝国大学工科大学紀要第八冊第一号
陝西省文物管理委員会　一九六一「潼関吊橋漢代楊氏墓群発掘簡記」『文物』第一期
孫　機　一九八一「唐代的馬具与馬飾」『文物』第一〇期（同二〇一六『載馳載駆―中国古代車馬文化』上海古籍出版社に加筆再録）
高村武幸　二〇〇四「漢代の材官・騎士の身分について」『日本秦漢史学会会報』第五号（同二〇〇八『漢代の地方官吏と地域社会』汲古書院に再録）
中国社会科学院考古研究所安陽工作隊　一九八三「安陽孝民屯晋墓発掘報告」『考古』第六期
朝鮮遺跡遺物図鑑編纂委員会　一九九〇『朝鮮遺跡遺物図鑑』5　高句麗篇3
張家口地区博物館　一九八九「河北涿鹿礬山五堡東漢墓清理簡報」『文物春秋』第四期
田　立坤　二〇〇六「高橋型鞍の復原と関連問題」奈良文化財研究所編『東アジア考古学論叢―日中共同研究

論文集』
永田英正編　一九九四『漢代石刻集成』京都大学人文科学研究所研究報告、同朋舎
新潟県教育委員会・甘粛省博物館編　一九九〇『中国甘粛省文物展　天馬かけるシルクロードの秘宝』
宮城谷昌光　二〇一四「楊彪」『三国志外伝』文藝春秋
林巳奈夫　一九六六「後漢時代の車馬行列」『東方学報』京都第三七冊（同二〇一八『中国古代車馬研究』臨川書店に加筆再録）
林巳奈夫　一九七六『漢代の文物』京都大学人文科学研究所
樋口隆康　一九七二「鐙の発生」『青陵』第一九号（一九八三『展望アジアの考古学』新潮社に再録）
李　鉉宇　二〇一八「魏晋馬具与其対東北亞馬具産生的影響」『西部考古』第一六輯
遼寧省博物館文物隊ほか　一九八四「朝陽袁台子東晋壁画墓」『文物』第六期
劉　増貴　一九九三「漢隋間的車駕制度」『中央研究院歴史語言研究所集刊』第六三本第二分
渡邉義浩　二〇一二『「三国志」の政治と思想―史実の英雄たち』講談社選書メチエ
Chavannes, Édouard, 1913 *Mission archéologique dans la Chine septentrionale*, Tome 1, Paris, Ernest Leroux
Fairbank, Wilma 1941 The Offering Shrines of "Wu Liang Tz'u", *The Harvard journal of Asiatic studies*, Vol. 6, no. 1, pp. 1–36 (Reprinted in *Adventures in Retrieval, Han Murals and Shang Bronze Molds*, Harvard-Yenching Institute Studies XXVIII, 1972)

厚葬から薄葬へ

——曹操とその一族の墓を掘る——

向井佑介

はじめに

日本では古墳時代後期から飛鳥・奈良時代にかけて、大きな墳丘をもち豪華な副葬品をおさめた「厚葬墓」から、墳丘を縮小・省略して副葬品も簡素にした「薄葬墓」へと変化した。もちろん、それは一朝一夕になしとげられたものではなく、古墳時代後期後葉における前方後円墳の終焉から古墳の終末まで、段階的に薄葬化が進展していった。そのなかで、この時代の変化を象徴的にあらわしたのが、大化二年（六四六）三月の詔、いわゆる「大化の薄葬令」である。大化改新の一部をなすこの薄葬令には、かつて魏の曹操と曹丕が薄葬を命じた詔令がほぼそのまま引用され、曹魏の薄葬令は、日本古代の人々にもよく知られていた。『日本書紀』孝徳天皇紀・大化二年三月甲申条に収載されるこの詔は、次のような文からはじまる。

> 朕聞く、西土の君、其の民を戒めて曰く、「古の葬は、高きに因りて墓を為し、封せず樹えず。棺槨は以て朽骨に足らしめ、衣衿は以て朽宍に足らしむるのみ。故に吾、此の丘墟を不食の地に営み、易代の後も其の所を知らざらしめんと欲す。金・銀・銅・鉄を蔵《おさ》むること無く、一に瓦器を以て、古の塗車《としゃ》・芻霊《すうれい》の義に合せん。棺は際会に漆ぬること三過。

飯含に珠玉を以てすること無く、珠襦《しゆじゆ》・玉柙《ぎよくこう》を施すこと無かれ。諸の愚俗の為す所なり」と。又た曰く、「夫れ葬は蔵なり、人の見るを得ざらんことを欲するなり」と。

冒頭の「西土の君」とは、日本からみて西方に所在する中国の君主であった魏の曹操と曹丕を指す。つづく「古の葬は、高きに因りて墓を為し、封せず樹えず」は、陳寿の『三国志』魏書（以下、『魏志』）武帝紀に収録される建安二十三年（二一八）六月の曹操の終令をほぼそのまま引用したものである。中国古代の埋葬習俗では、地勢の高い場所を選んで墓をつくり、墳丘や植樹をおこなわなかったというのである。さらに「夫れ葬は蔵なり、人の見るを得ざらんことを欲するなり」「棺槨は以て朽骨に足らしめ、衣衿は以て朽宍に足らしむるのみ。……飯含に珠玉を以てすること無く、珠襦・玉柙を施すこと無かれ。諸の愚俗の為す所なり」は文帝曹丕が黄初三年（二二二）十月に洛陽首陽山の東において寿陵造営を命じた際に、自身の死後の葬儀について命じたもので、『魏志』文帝紀にその内容が収録されている。それによれば、もともと「葬」とは「蔵」（かくす）ことであり、遺体が人の目に触れないようにすれば十分なのであるから、遺体をおさめる棺槨や遺体を包む衣服は簡素なものとし、副葬品には金・銀・銅・鉄を用いず瓦器（陶器）で製作すべきであり、死者の口に玉を含ませたり、その身体に玉衣を着せたりしてはいけない、と命じている。

中国では、漢代には豪華な副葬品をもつ大型の厚葬墓がさかんに築かれていたのに対し、後漢末の動乱をへて、三世紀の魏晋の時代には墳丘をともなわず副葬品を簡素化した薄葬墓へと転換していく。曹操一族の墓は、そうした流れを理解するための、大きな手がかりとなる。以下では、安徽省亳州《はくしゅう》で発掘された後漢の曹操宗族墓地、そして河南省安陽で発見された曹操高陵、洛陽で発見された曹魏大型墓などをとりあげ、後漢末から三国時代にかけて、陵墓にどのような変化が起きたのか、その背景にどのような思想があったのか、そこに曹操という人物がどのように関与したのかを、考えることにしよう。

一　後漢の曹操宗族墓地

『魏志』武帝紀によれば、曹操は沛国譙《しょう》の人、現在の安徽省亳州の出身である。漢の相国であった曹参の後裔であるというものの、おそらくは自称であり、事実はわからない。曹操の祖父は曹騰といい、桓帝（在位一四六〜一六七年）のとき中常侍・大長秋となり、費亭侯に封ぜられている。宦官だった曹騰には子がなかったため、嵩を養子に迎えてあとを嗣がせた。これが曹操の父である。曹嵩はのちに太尉にまで出世したが、彼の出自の詳細はよくわからないという。これについて、裴松之の注は『曹瞞伝』と郭頒『世語』を引いて、曹嵩は夏侯氏の子、夏侯惇の叔父であり、つまり曹操は夏侯惇の従兄弟であると述べている。

かつての譙県、現在の安徽省亳州の市街地の南に、曹操の父祖を葬ったと伝えられる一群の古墓がある。北魏の酈道元『水経注』巻二三・陰溝水条は次のようにいう。

過水《かすい》、〔譙県故〕城の側を四周するに、城南に曹嵩〔曹操の父〕の冢あり、冢の北に碑あり、碑の北に廟堂あり、余基　尚お存し、柱礎　仍《な》お在り。

廟の北に二石闕の双峙するあり、高一丈六尺、……闕の北に圭碑あり、題に云う、「漢故中常侍・長楽太僕・特進費亭侯曹君〔曹騰、曹操の祖父〕之碑」と。延熹三年（一六〇）立つ。……碑を東西に夾み、両石馬を列対す、高八尺五寸……。

騰の兄の冢あり、冢の東に碑あり、題に云う、「漢故潁川太守曹君〔曹褒〕之墓」と。延熹九年（一六六）卒す、而して樹碑の歳月を刊まず。

墳の北に其の元子熾の冢あり、冢の東に碑あり、題に云う、「漢故長水校尉曹君〔曹熾、曹操の従弟曹仁の父〕之碑」と。太中大夫・司馬・長史・侍中を歴て長水に遷り、年三十九にして卒す、熹平六年（一七七）造る。

熾の弟胤の冢あり、冢の東に碑あり、題に云う、「漢謁者曹君之碑」と。熹平六年（一七七）立つ。城の東に曹太祖〔曹操〕の旧宅あり。

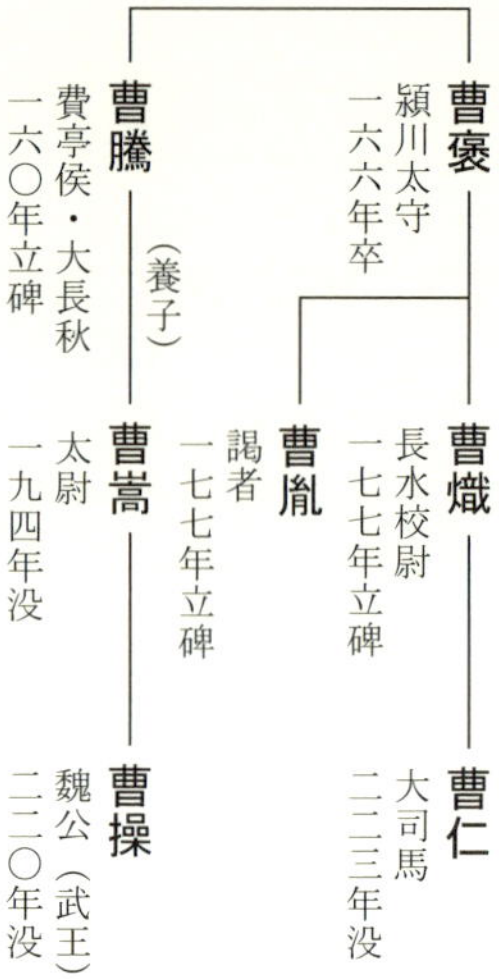

図1　後漢曹操宗族の家系

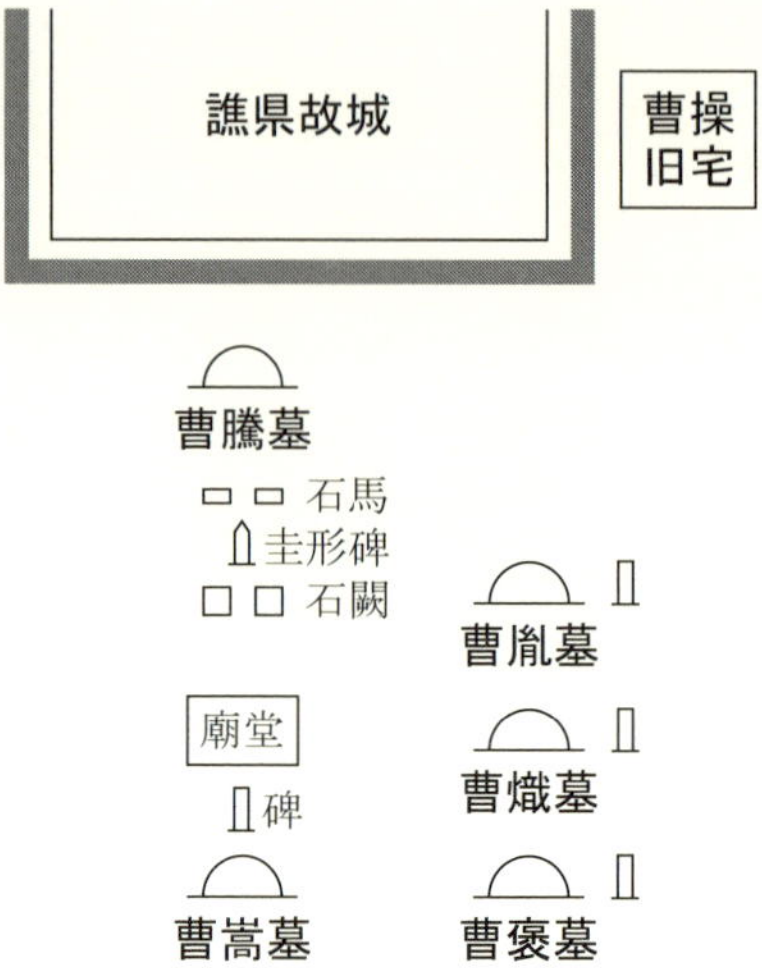

図2　『水経注』の曹氏墓地分布

それによれば、譙県故城の南に父・曹嵩の冢と碑・廟堂があり、その北に祖父・曹騰の墓前石闕と石馬、延熹三年（一六〇）の圭形碑があったという。さらに、位置関係は明確でないものの、延熹九年（一六六）に没した曹騰の兄（曹操の大伯父）・曹褒の冢があり、その東には墓碑が立てられていた。その北には曹褒の子・曹熾の冢があり、東側に熹平六年（一七七）の墓碑が立てられていた。その近くには曹熾の弟・曹胤の冢があり、東側に同じく熹平六年（一七七）の墓碑が立てられていたと伝えている（図1）。つまり、『水経注』に記されるのは、曹操の祖父と父親の世代であり、その年代は後漢後期の延熹三年（一六〇）から熹平六年（一七七）頃に集中している。曹騰・曹嵩父子の墓が南北にならび、少し離れて曹騰の兄の曹褒とその息子た

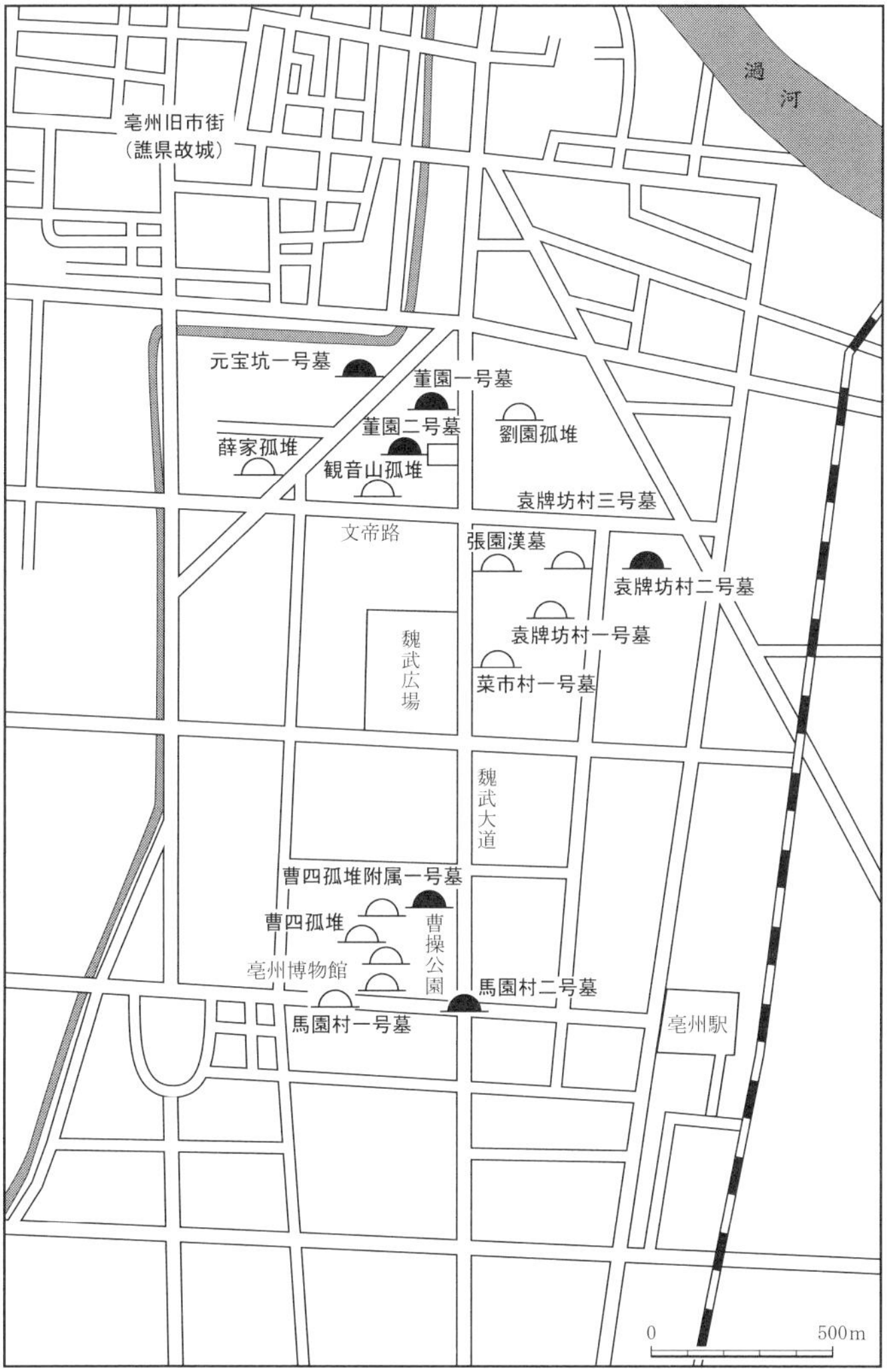

図３　曹操宗族墓群の分布

ちの墓が南北にならんでいたと考えられる〔図2〕。

亳州（亳県）旧市街の南側〔図3〕では、一九七四年から一九七七年にかけて、曹操の父祖の墓を含むと考えられる後漢墓五基が発掘された〔安徽省亳県博物館一九七八〕。さらに、一九八二年に発掘された曹四孤堆付属一号墓もやはり曹氏の墓と推定される〔亳州市博物館一九八八〕。これらの墓からは、曹氏一族の名を刻んだ塼が出土しており、刻銘塼の分析をもとに、被葬者の検討が進められている〔田一九七八、関尾二〇一九など〕。考古学の方面では、関連する文献史料と考古資料を含めた近藤喬一〔二〇〇三〕による紹介があり、また岡村秀典〔二〇〇三〕が墓室の平面図を初めて紹介した上で年代を整理し、それらの構造と規格について論じている。

元宝坑一号墓〔安徽省亳県博物館一九七八〕

亳県旧城南の護城河に近接する元宝坑村内で発見された。墓は東向きに開口し、墓室内の東西全長は一三・一二メートルを測る。墓門は石製、墓室は塼築で、甬道—前室—中室—後室が主軸上にならぶ。南北八・七二メートルの幅をもつ横長の中室が主軸と直交し、全体として十字形の平面をなすことが大きな特徴となっている。この十字形を基本として、前室に北耳室、中室南部に東耳室と西耳室がとりつく〔図5—③〕。墓室の上半はひどく破壊を受けていたものの、壁面や天井に彩色壁画の痕跡があり、墓室内からは象牙の尺や簪、玉豚、トルコ石や琥珀の装飾品、金銅製の鞍飾、青銅の車馬具・弩機・貨幣、鉄鏃など多数の副葬品が出土した。

　とりわけ注目されたのが、墓室の壁体を構築する塼のなかに、工人らが焼成前に刻んだと考えられる刻銘をもつものが多数発見されたことである。「人謂壁作楽、作壁正独苦」（人は壁作りを楽しいというが、壁を作るのはまさに独り苦しむことだ）と苦しみを吐露した句は、当時の工人たちが置かれた過酷な労働環境をうかがわせる。別の塼には「倉天乃死」の文字があり、これは後漢末に勃発した黄巾の乱のスローガンとなった「蒼天已死、黄天当立」（蒼天すでに死す、黄天まさに立つべし）を想起させ、こうした言い回しが民間に流行していたことが知られる。

　刻銘塼のなかには「会稽曹君喪躯」「会稽曹君天年不幸喪躯」「会稽明府早棄春秋不竟世」「念会稽府君棄離帷屋」「建寧三□四月四□」などの文字をもつものがあり（図4）、これらの塼が後漢霊帝の建寧三年（一七〇）に製作されたこと、被葬者が会稽明府の曹君であることがわかる。さらに、塼のなかに「比美詩之此為曹騰字季興」「故潁川……曹褒」「故長水校尉沛国譙熾」などの文字があり、すでに曹騰・曹褒・曹熾らは故人となっていたと考えられることから、田昌五（一九七八）は被葬者を曹胤と判断している。兄の曹熾は三九歳で亡くなっており、曹胤の墓碑も同年に立てられていることから、曹胤の享年は三九歳より若かったと推定され、塼銘に「天年不幸」「早棄春秋」ということと矛盾しない。ただし、塼銘に「会稽曹君」「会稽府君」というのは『水経注』が記載する曹胤の官職と対応しない。謁者を務めたあと会稽太守に任命されたと田昌五は推測するものの、関尾史郎〔二〇一九〕はその見解に否定的である。

董園村一号墓〔安徽省亳県博物館一九七八〕

董園村は元宝坑村の東南約一キロに位置し、その村の東端で一号墓が発見された。墓は東向きで、墓室内の全長は一三メートルを測る。石製の墓門の奥に、塼築の前室―中室―後室がならび、南北幅一〇・四メートルの長い中室が主軸に直交して設けられている（図5―①）。中室奥の南と北に偏室があり、後室とあわせて三つの部屋が中室の西側に並列する構造をとる。墓室の壁面にはもともと彩色壁画が描かれ、頂部のアーチには天象図が描かれていた。

墓室内から出土した葬具には、中室北側の棺台付近から出土した銀縷玉衣の部材と、後室から出土した銅縷玉衣の部材があり、前者は復元可能な状態であった。副葬品には、玉豚・小銀壺・金銅奩・鉛錫合金耳杯・鉄鏡のほか、各種の装身具や陶磁器などがある。

この墓の壁体にも銘文塼が用いられており、「為曹侯作壁」「延熹七□元月」などの刻銘があることから、延熹七年（一六四）に製作されたことが明確になった。被葬者の「曹侯」について、田昌五は曹操の祖父である費亭侯曹騰の可能性を指摘しつつも、『水経注』から推測される曹騰の没年と矛盾することから、被葬者を曹操の父、曹嵩と推定している〔田一九七八〕。ただし、曹嵩が徐州牧陶謙の配下により殺害されるのは後漢末の興平元年（一九四）であり、墓

図４　元宝坑一号墓の刻銘塼

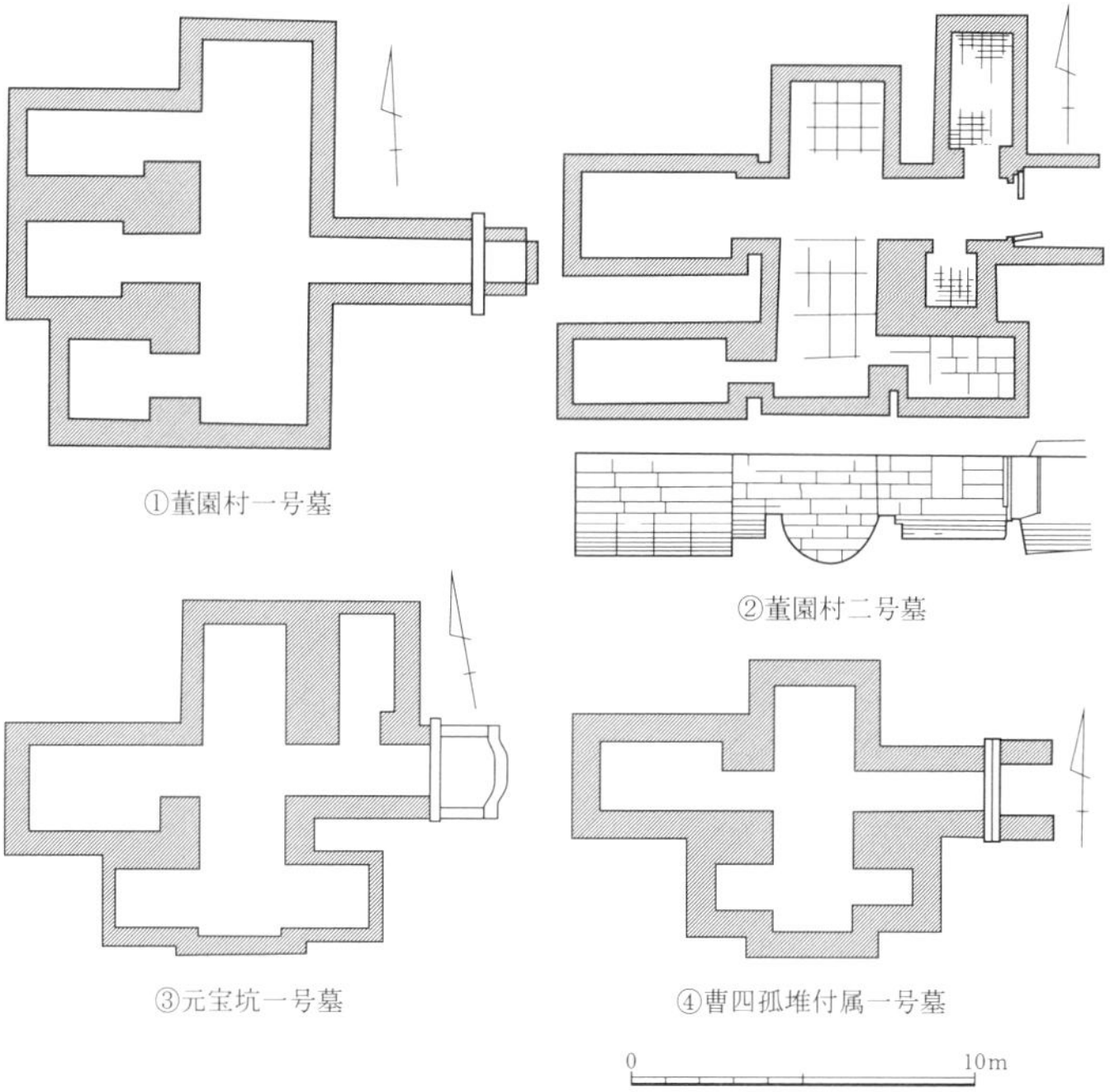

図５　曹操宗族墓群の墓室構造（１）

の造営はそれより三〇年もはやい。このとき曹操は四〇歳だったから、父の曹嵩は六〇歳前後で亡くなったと推定され、そうすると三〇歳前後で自らの墓をつくらせたことになる。曹騰の墓前には延熹三年（一六〇）の碑があったというから、曹騰の死後、曹嵩が家督を継いでまもなく自身の墓の造営に着手したと考えれば、いちおう前後関係に矛盾はない。

董園村二号墓〔安徽省亳県博物館一九七八〕

二号墓は董園村の東南隅から発見され、一号墓とは一〇〇メートルを隔てている。墓は東向きに開口し、墓室内の全長は一五・三メートルである。東西の主軸上に前室―中室―後室がならび、前室の南北に耳室を配し、幅一〇・二メートルの横長の中室の南側に東西偏室が設けられている（図5―②）。墓門だけでなく壁面もすべて研磨した青石によって構築され、墓門上には龍虎や双鳳、九子の鹿などの線刻があり、甬道両側には文人と武人の線刻が施されていた。前室や中室には壁画が部分的に残存し、仕女図、亭閣図（仙境図）などが描かれていたという。

墓は少なくとも二度の盗掘・破壊を受けており、漆棺は炭化し、玉片も火を受けていた。残された断片から、銅縷玉衣と玉枕が復元されている。また、金属製の豚や鍍金のある馬の脚などが出土しており、ミニチュアの車馬や家畜などが副葬されていたことがわかる。

被葬者は玉衣の使用を許された高位の人物で、曹操の祖父にあたる費亭侯曹騰の墓とする説が有力である〔田一九七八など〕。ただし、曹騰墓とされる董園村二号墓は、曹嵩墓とされる一号墓の南にあり、曹嵩墓が南、曹騰墓が北とする『水経注』の記載と逆になっている。そのため、二号墓は曹騰の父の曹節の墓で、曹騰の墓は一号墓のさらに北にあった可能性も指摘されているものの、現状ではどちらが正しいのかを確定することはできない。

曹四孤堆付属一号墓〔亳州市博物館一九八八〕

曹四孤堆（曹家孤堆）は亳州市の南郊二・五キロメートルあまりに所在する墳墓群で、曹操宗族墓群の南端に位置している。その東方一〇〇メートルあまりの場所には「曹憲」の銅印を出土した馬園村二号墓がある。一九八二年に曹四孤堆の北側で発見された一号墓は、東向きに開口し、石造の墓門の西側に塼築の墓室がつらなる構造であった。主軸上には東から西へと、前室―中室―後室がならび、墓室内の全長は一四メートルを測る。これに幅八・三五メートルの横長の中室が直交し、中室南側の東西には耳室がとりつく（図5―④）。壁面には彩色壁画の痕跡がみとめられたが、その内容はほとんど判別できない。

過去の盗掘と破壊により墓室内からはほとんど遺物が出土せず、中室の南端、東西耳室の間に塼台が設置され、後室の入口付近から環頭の鉄器が出土しただけであった。そのほか、墓門の前から貨幣・陶罐・銅製装飾品などが少量出土している。

この墓からは「豫州刺史曹水有陵朱謙」「豫州従事史」「為上大夫作壁」「越騎校尉寵」「将熾」などの刻銘塼が出土し、やはり曹氏一族の墓であることが確認された。具体的な被葬者について、報告者は銘文に記された「豫州刺史曹水」あるいは「上大夫」ではないかと推定しているものの、史書には手がかりがなく、曹操といかなる関係にあった人物かは明らかでない。ただし、墓の構造や塼の刻銘は、元宝坑一号墓や董園村一号墓と近似しており、曹氏一族のなかで曹操の父親に近い世代の人物が葬られたと推測される。

馬園村二号墓〔安徽省亳県博物館一九七八〕

亳県旧城の南郊に所在し、先にみた曹四孤堆一号墓の東一〇〇メートルあまりに位置する。馬園村の東側から発見された二号墓は、東向きに開口する塼室墓で、墓門と頂部は破壊されて現存しない。墓室内の全長一三・四メートル、幅六・四二メートルを測る。主軸上には東から西へと前室―中室―主室―後室がならび、前室と中室・主室の両側に耳室を設けている。主軸上の前室・中室・主室はいずれ平面方形で、後室のみが長方形を呈する（図6―①）。

墓室内から出土した副葬品には、緑釉陶器でつくられた楼・磨臼・井戸・鳩などの模型明器のほか、鉄刀や銅鍍金の鞍、貨幣、銅印、鉛製の鳥形装飾や花形装飾などがある。そのうち銅印には「曹憲印信」「曹憲」の文字があったことから、被葬者は曹憲とされる。報告者も指摘

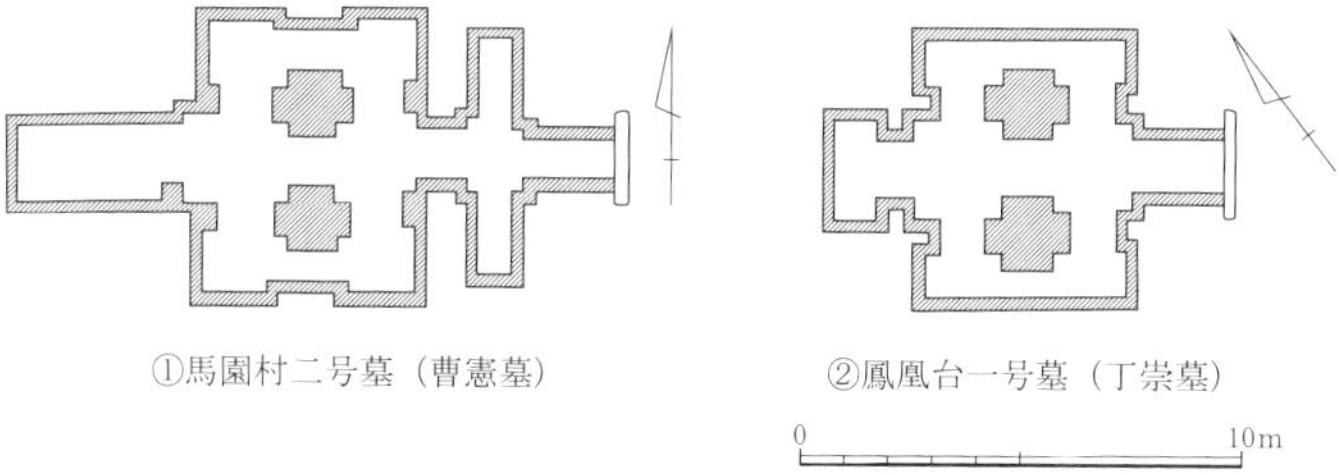

図6　曹操宗族墓群の墓室構造（2）

するとおり、後漢末に曹操は献帝のもとへ三人の娘たちを相次いで嫁がせており、その一人の名が曹憲であった。ただ、献帝に嫁いだ曹操の娘の墓が、曹操の父祖の墓地に営まれたというのは、いささか不自然である。岡村秀典〔二〇〇三〕の考証によれば、馬園村二号墓の年代は先述した元宝坑一号墓や董園村一号墓に先行する。元宝坑一号墓からは延熹七年（一六四）、董園村一号墓からは建寧三年（一七〇）の紀年銘塼が出土しており、それらより古い馬園村二号墓の被葬者が曹操の娘であるはずはない。同名の別人ということになるだろう。

袁牌坊村二号墓〔安徽省亳県博物館一九七八〕

袁牌坊村は亳県旧城の南一キロメートルあまり、董園村と馬園村の間に所在する。発掘された二号墓は、袁牌坊村の南一〇〇メートルに位置している。東向きが優勢を占める曹氏墓群のなかで、この墓だけは北向きに開口している。主軸上に前室—中室—後室がならび、前室と中室の両側に耳室がとりつく。その構造は馬園村二号墓に近似するものの、やや簡略である。石造の墓門の正面には鼎鳳図、門の框には人物図、門額には双龍がそれぞれ刻まれている。
発掘された副葬品には、鉄鏡・鉄釜・小弩機・銅鋪首・貨幣などがあった。そのほかに、「…侯歴代式昭…／…戸熾膺天之祐皇…／…孝友蒸蒸義行信立…／…由父匡桓恵氓有…／…神祇靡不思斉…／…礼牛刀…（／は改行をあらわす）」の文字を刻んだ石碑の破片が出土しており、「戸熾膺天之祐皇」の句をもとに被葬者を曹熾とする説がある〔田一九七八〕。ただし、袁牌坊村二号墓は墓室構造が馬園村二号墓と近似することから、やはり元宝坑一号墓や董園村一号墓に先行するものと考えられ、曹熾の墓とすることは難しい。

鳳凰台一号墓〔亳県博物館一九七四〕
最後に、亳県旧城の西南一キロメートルに所在する鳳凰台一号墓を紹介しておこう。この墓は一九七二年に発掘され、「丁崇」銘の銅印が出土したことから、被葬者の名は丁崇と考えられ、曹氏の墓ではない。ただし、曹嵩の夫人は丁氏（太王后）であり、曹操の最初の夫人も丁氏であることから、後漢末において曹氏と丁氏は婚姻関係による深い結びつきがあった。丁崇との関係は明確でないものの、『後漢書』霊帝紀によれば中平四年（一八七）に沛国の丁宮が司空を拝命し、翌年には司徒へと遷っている。曹嵩が太尉となったのも、まさに中平四年のことであり、沛国の曹氏と丁氏は当時ともに三公を務める有力な一族であった。

鳳凰台一号墓は、石造の墓門をもつ塼室墓で、東南に開口する。墓室の全長は八・七四メートル、幅六・二メートル、門石高一・四五メートルを測る。東南の墓門から順に、甬道―前室―中室―後室がならび、前室と中室の両側には耳室がとりつく。その平面形は馬園村二号墓と近似するものの、主軸上の部屋の数が少なく、また後室の長さも短い（図6―②）。前室から後室にかけて彩色壁画の痕跡がみとめられたが、その内容は判別できない。

副葬品には、黄褐釉の罐や緑釉の壺、施釉陶器の模型明器（磨臼・匜・鳩など）、玉豚・玉飾、青銅の貨幣、銅鏡と鉄鏡、鉄刀・剣などがある。なかでも注目されたのが「剛卯」と呼ばれる玉製品である。剛卯は、漢代の貴族らが佩用した一種のお守りで、高さ約二・二センチ、小口一辺一センチの直方体を呈する玉製品二点が出土した。その一つには「正月剛卯既央、靈殳四方、赤青白黄、四色是當。帝命祝融、以教夔龍、疞蠖剛癉、莫我敢當。」の刻銘があり、もう一つには「疾日嚴卯、帝令夔化、慎璽固伏、化茲靈殳。既正既直、既觚既方、赤疫剛癉、莫我敢當。」と刻まれていた。詳細は省略するが、これを身につけることで疞蠖《くかく》（やまいの虫）や癉《たん》（つかれ、病気）を払おうとしたものである。『続漢書』輿服志下の規定によれば、長さは一寸二分、方六分とし、皇帝・諸侯王・公・列侯は白玉製、中二千石から四百石までは黒犀角製、二百石から私学の弟子まではみな象牙製と定められている。これにしたがえば、玉製の「剛卯」を佩用したこの墓の被葬者は、列侯以上ということになるものの、墓の規模はやや小さい。

曹操宗族墓群の特徴

亳県旧城の南郊で発見された後漢曹氏墓地の特徴は、以下のようにまとめられる。第一に、多くの墓が東向きに開口する。このことは、『水経注』陰溝水条が曹褒・曹熾・曹胤の墓について「冢の東に碑あり」と述べていることと対応する。第二に、墓の材質は、石造の墓門と塼築の墓室を組み合わせたものが多く、董園村二号墓のように青石を使用した石室墓も存在する。石の墓門には画像が彫刻され、墓室内には壁画が描かれていた。第三に、墓室は主軸上に前室―中室―後室を配し、その左右に複数の側室・耳室がとりつく構造である。なかには馬園村二号墓のように、主軸上に四つの部屋をならべたものもある。第四に、銀縷玉衣・銅縷玉衣・玉枕などを葬具として使用した墓が含まれている。『続漢書』礼儀志下に記された後漢の制度には「諸侯王・列侯・始封貴人・公主薨れば、みな印璽・玉柙銀縷を贈らしめ、大貴人・長公主なれば銅縷（を贈らしむ）」と規定され、原則として銀縷玉衣（玉柙・玉匣）は諸侯王・列侯・公主クラス、銅縷玉衣は大貴人・長公主クラスに使用が許された葬具であった。

岡村秀典（二〇〇三）は、構造をもとに曹氏墓群を大きく二グループにわけた。A群とした馬園村二号墓・袁牌坊村二号墓・鳳凰台一号墓は、前室と中室が正方形平面の穹窿頂（方錐形天井）、後室が長方形平面の券頂（アーチ天井）であることから「方形中室構造」と呼ばれる。

B群とした元宝坑一号墓・董園村一号墓・董園村二号墓・曹四孤堆一号墓は、主軸に直交して横方向に長い長方形平面の中室が配されることから「主軸直交形中室構造」と命名された。

このA群とB群には、それぞれに共通する設計プランが存在し、各群の造営年代も近接すると考えられた。各群のなかでの墓室の格差は、被葬者の身分差を反映したものとみられる。各群の具体的な年代については、紀年銘塼によって董園村一号墓は一六四年、元宝坑一号墓は一七〇年に造営されたことが確かめられ、B群の年代は二世紀後半と判断された。一方、A群は画像石の技法や緑釉明器類の存在から二世紀前半の年代が想定されている。

さらに岡村は、玉衣を出土した後漢代の王侯墓について検討し、一世紀代には回廊構造をもつ「黄腸題湊」系の墓室構造が主流であったのが、二世紀前半には回廊を取り除いた三室構造の「主軸直交形中室構造」が出現し、二世紀後半に盛行することを明らかにした。そして、二千石クラス以下の墓では、二世紀前半まで「方形中室構造」または単穹窿頂墓・双穹窿頂墓が用いられていたのが、王侯墓の影響を受けて二世紀後半には「主軸直交形中室構造」あるいは前堂横列墓を採用するようになったと指摘している。

曹操の父祖のなかで、最初に列侯として名を残したのは祖父の費亭侯曹騰であった。司馬彪『続漢書』（『魏志』武帝紀・裴松之注引）によれば、曹騰は若くして黄門の従官となり、安帝の永寧元年（一二〇）には鄧太后の詔により皇太子と勉学をともにする学友に選出された。皇太子の即位後、順帝（在位一二五〜一四四）のもとで小黄門となり、のちに中常侍大長秋へと昇進した。宮中にあること三十余年、皇帝四代に仕えて過失はなかった。桓帝（在位一四六〜一六七）が即位すると、先帝の旧臣としての忠義を評価され、費亭侯に封ぜられたという。

曹騰が生きた時代は、後漢前期に権勢を振るった外戚と、それに反発した宦官とが激しい政権闘争を繰りひろげ、次第に後者が勢力を伸張していった時代である。曹騰もそうした流れのなかで宦官として皇帝の身辺に仕えて重用され、列侯の位にまでいたった。曹騰には子がなく、養子とした曹嵩は、霊帝（在位一六八〜一八九）のとき莫大な賄賂によって官職を得て、三公の一つである太尉にまで出世した（『芸文類聚』職官部二所引范曄『後漢書』）。しかし、このように財力や権力と結びついて出世した「濁流」の宦官たちに名望はなく、かえって「清流」派知識人や民衆らの反感を買うこととなった。

曹操宗族墓群において発見された「主軸直交形中室構造」を採用した大型の墓室、銀縷玉衣や銅縷玉衣の存在は、宦官の一族とはいえ後漢の曹氏が確かに当時の列侯クラスの規格にのっとって葬られたことを明らかにした。それは、まさに漢代の貴族たちが指向した「厚葬墓」であった。その一方で、元宝坑一号墓から出土した塼の刻銘には、造墓・造塼の労働環境の過酷さを記した句や「倉（蒼）天乃死」の文字があり、それは抑圧された民衆たちのエネルギーが爆発する黄巾の乱の前夜という当時の世相を反映したものといえるだろう。

二　曹操高陵の発見

曹操、字は孟徳。いうまでもなく、魏の実質上の建国者である。黄巾の乱にはじまる後漢末の動乱を収束させ、華北を統一したこの人物について、『魏志』武帝紀は次のように述べる。

太祖、少《わか》くして機警にして、権数あり、而して任俠放蕩にして、行業を治せず、故に世の人、未だこれを奇とせざるなり。惟だ梁国の橋玄、南陽の何顒《かぎょう》のみ、これを異とす。玄、太祖に謂いて曰く、「天下将に乱れんとす。命世の才にあらざれば済《すく》うこと能わず。よくこれを安んずるは、君に在らんか。」と。

要するに、曹操は決して品行方正な人物ではなかったが、とても頭の回転が速く、権謀術数に長けていた。乱世をまとめることができるのは、まさにこうした人物だというわけである。当時、人物批評家として知られた許劭《きょしょう》は、曹操のことを「治世の能臣、乱世の奸雄」と評しており（『魏志』武帝紀・裴松之注）、曹操はそれを聞いて大いに笑ったという。「奸雄」としての曹操の活躍は、『三国志演義』あるいはそれを底本とした歴史小説によって日本でもよく知られているため、あえてここに繰り返すことはしない。ただ、武力と知略により乱世をまとめた曹操の功績は、魏を建国しただけにとどまらない。後漢後期の党錮の禁により宦官勢力から弾圧を受けた清流派の知識人を多く登用し、そうした人々をブレインとして、九品官人法や戸調式などさまざまな改革を進めていった〔川勝一九七四〕。

本稿が主題とする厚葬から薄葬へという墓制変化も、やはりこれらの改革と軌を一にしており、その大きな転換点となったのが曹操墓であった。二〇〇八年に曹操高陵が発見されたというニュースは日本でも報道され、当初はそれが本当に曹操の墓であるのか、懐疑的な意見も少なくなかった。とりわけ中国においては、考古学者や歴史学者だけでなく、民間の愛好家まで巻き込んだ議論がインターネット上にあふれた。最終的には、発掘を担当した河南省文物考古研究所の丁寧な学術的検証と調査報告書の刊行によって、その墓が曹操高陵であると一般にひろく受け入れられるにいたった〔河南省文物考古研究所二〇一一、河南省文物考古研究院二〇一六〕。以下、それらの成果報告をもとに、曹操高陵の概要を簡単に紹介しよう。

曹操高陵の発掘〔河南省文物考古研究院二〇一六〕

曹操高陵とされる西高穴二号墓は、河南省安陽市西高穴村付近に所在する。二〇〇五年と二〇〇八年の二度の盗掘を契機として、二〇〇八年末から河南省文物考古研究所による緊急発掘がおこなわれた。墓室内からは、副葬品の名称を記したと考えられる六〇点以上の石牌が出土した。そのなかに、「魏武王常所用挌虎大戟」「魏武王常所用挌虎短矛」（図7）などの銘文をもつものがあり、魏の武王とは曹操のことであるから、これが曹操の墓である証拠として大きな話題となった。「挌」は「撃つ」「なぐる」意であるから、これらの銘文は全体として「魏の武王が常用していた虎を撃つための大戟」「魏の武王が常用していた虎を撃つための短矛」を意味する。魏の武王が常用したという武器の名称を記した石牌には、ほかに「大刀」「長犀盾」「椎」などがある（『三世紀東アジアの研究』班二〇一三）。『魏志』武帝紀によれば、曹操は後漢末の建安十八年（二一三）に魏公に封ぜられ、建安二十五年（二二〇）の逝去後に武王の諡号が贈られた。発掘後、この墓の被葬者を曹操自身とする説のほかに、曹操の近臣とする説も出されたが、いずれの場合も石牌銘文の「魏武王」が曹操を指すことについては異論がない。

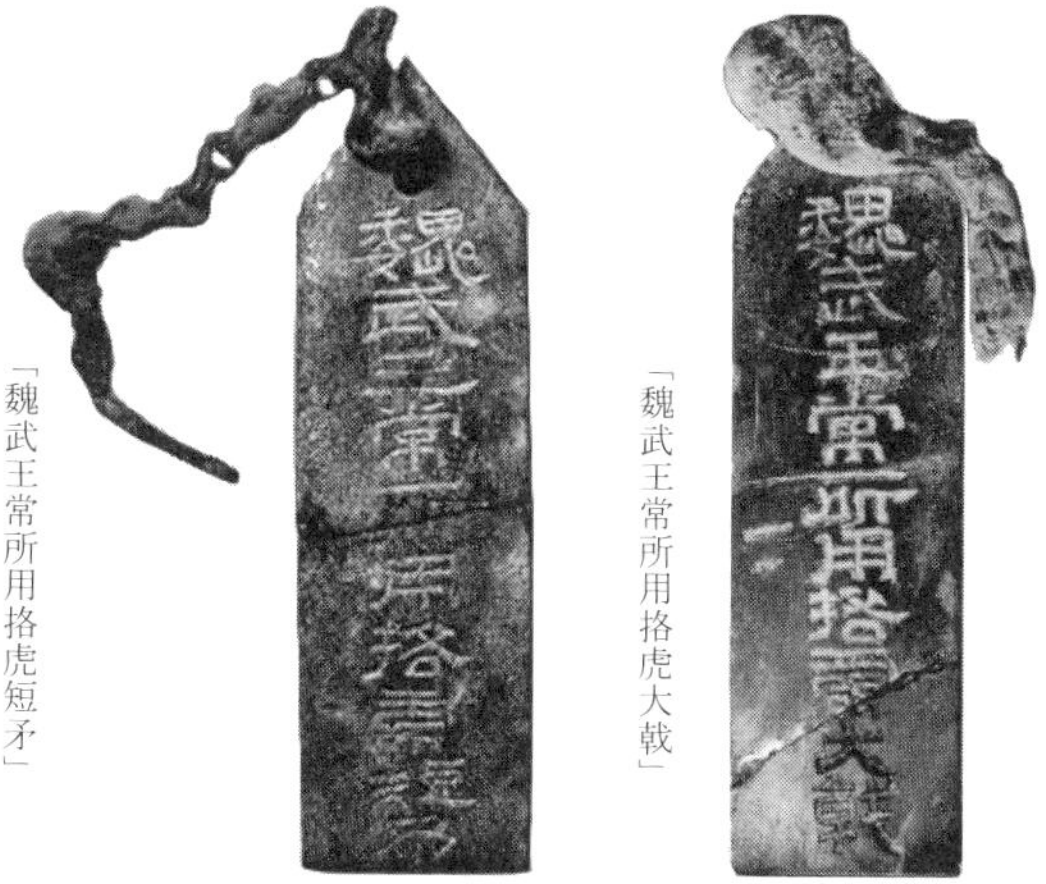

「魏武王常所用挌虎大戟」

「魏武王常所用挌虎短矛」

図7　「魏武王」銘石牌

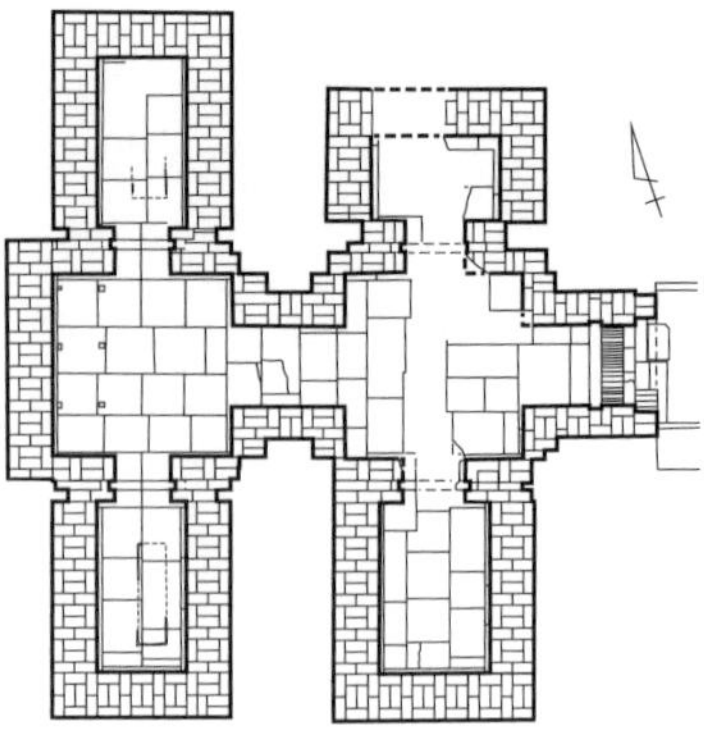
①西高穴二号墓（曹操高陵　220 年）

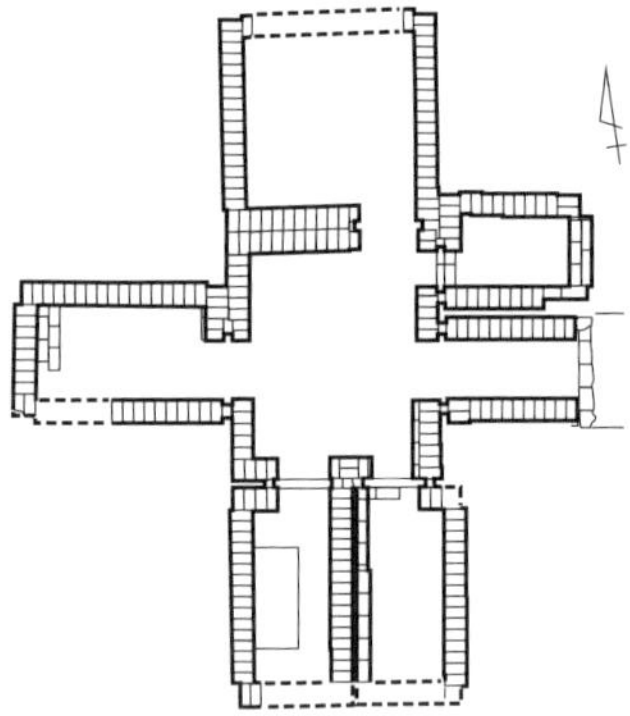
②曹休墓（228 年）

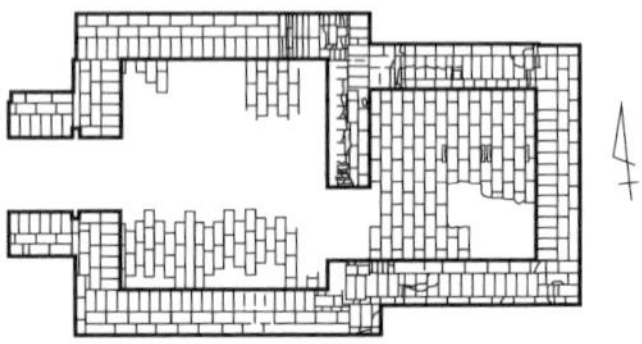
③西朱村一号墓（曹淑墓　232 年）

0　10m

図８　曹魏大型墓の墓室構造

西高穴二号墓は、東向きに開口する塼室墓である。東側から掘り込まれた長大な傾斜墓道は、長さ三九・五メートル、地下一三メートルの深さに達する。地下の墓室は、主軸上に正方形の前室と後室がならび、前室と後室の左右にそれぞれ長方形の側室がとりつく（図8―①）。甬道先端から墓室奥壁までの長さは約一三メートルである。墓室内の床面には方形の板石が整然と敷き詰められていた。後室奥の棺床上に木棺が安置され、その左右の側室にも木棺が一つずつ置かれていた。墓室内からは成人男性一体と成人女性二体の人骨が出土しており、おそらくは後室奥が曹操の棺で、左右側室の棺が夫人のものと推定される。

曹操高陵の立地

曹操の墓の所在については近世以降さまざまな伝説があり、なかでも「七十二疑冢《ぎちょう》」説はよく知られている。これは、曹操が自身の墓の盗掘をおそれて、多数の偽の墳丘を鄴城の近傍に築かせたという伝承である。実際、鄴城の西側から北側にかけて多数の墳墓が分布しており、二〇世紀半ばまではこれが曹操の「七十二疑冢」と信じられ、河北省の重点文物保護単位とされていた。しかし、一九七〇年代に鄴城周辺の墳墓の調査が進むと、それらが後漢末から三国時代のものではなく、六世紀の東魏・北斉時代の墳墓であることが判明した〔馬一九九四〕。文献史料からみると「七十二疑冢」説は宋代にはじまり、のちに『三国志演義』の流行によって民間に流布したことがわかっている〔呉二〇一〇〕。少なくとも唐代までは曹操高陵の所在地について混乱はなく、鄴城近傍の墳墓群が東魏・北斉時代のものであることも記憶されていたはずであるから、唐代以前に「七十二疑冢」の伝説が成立する余地はなかったのである。それでは、曹操高陵の本当の所在地は、どのように伝えられてきたのだろうか。『魏志』武帝紀によれば、建安二十三年（二一八）六月、曹操は自身の墓の造営について、次のように命じた。

古代の埋葬には、必ず痩せた土地が選ばれた。西門豹祠の西の高原上を測量して寿陵をつくり、高地を利用して基礎とせよ。墳丘を築かず、樹木を植えないようにせよ。

この原文「古之葬者……因高為基、不封不樹」を、本章の冒頭にとりあげた大化の薄葬令では「古之葬者、因高為墓、不封不樹」として、一部を省略するかたちで引用している。曹操の終令において「基」としていたものが「墓」に改められているのは、字形が似ているために入れ替わった可能性もあるものの、「基」のままでは文章がわかりにくかったからであろう。いずれにせよ、曹操の寿陵は「西門豹祠西原上」に造営されたことが正史に明記されている。

西門豹祠と曹操高陵の位置関係については、唐の李吉甫が編纂した地理書『元和郡県図志』相州・鄴県条に、次のような記載がある。

故の鄴城は、（鄴）県の東五十歩にある。西門豹祠は、（鄴）県の西方十五里に所在する。魏の武帝の西陵は、（鄴）県の西方三十里に所在する。

それによれば、かつての鄴城は唐代の鄴県のすぐ東にあり、西門豹祠は鄴県の西方十五里、さらに曹操の西陵（高陵）は鄴県の西方三十里にあるという。西門豹とは戦国時代の魏の人で、鄴の地方官として善政を布いたことから、当地では彼を顕彰する祠が多く建てられている。そ

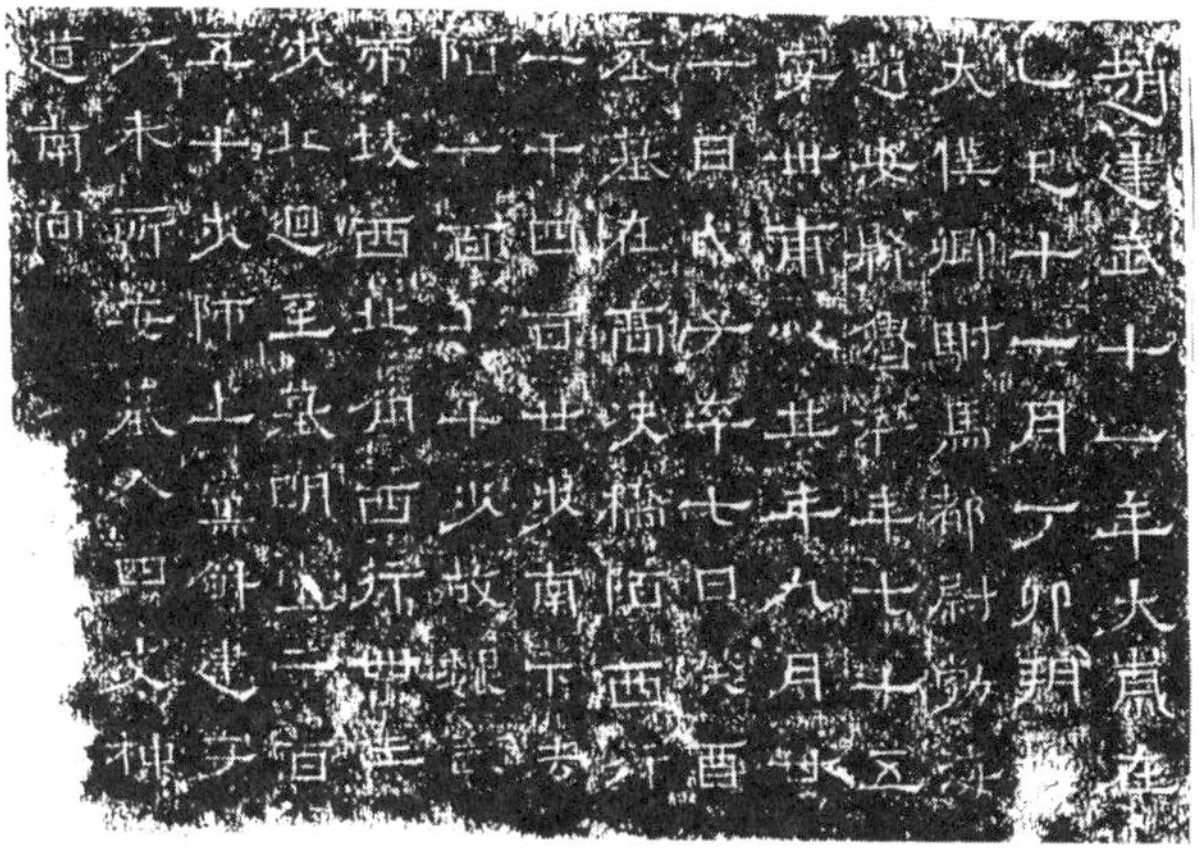

図9　魯潜墓志拓本

の代表的な祠が鄴城遺跡の西方約七・五キロメートルに所在し、さらに曹操高陵とみられる西高穴二号墓は鄴城遺跡の西方約一五キロメートルに所在することから、『元和郡県図志』が記載する鄴城―西門豹祠―曹操高陵の位置関係は、遺跡の分布状況とも対応する。

　実は、曹操高陵が河南省安陽の西高穴村付近に所在することは、西高穴二号墓の発掘以前から見当がついていた。近隣に住む民間の考古学愛好家が一九九八年に拓本を入手した後趙建武十一年（三四五）の魯潜墓誌（図9）に、次のような銘文があった（龍二〇〇三）。

趙建武十一年大歳在
乙巳、十一月丁卯朔、故
大僕卿・駙馬都尉、渤海
趙安県魯潜、年七十五、
字世甫、以其年九月廿

一日戊子卒、七日癸酉葬。墓在高決橋陌西行一千四百廿歩、南下去陌一百七十歩。故魏武帝陵西北角西行卌三歩、北廻至墓明堂二百五十歩、吊上黨解建、字子奉所安、墓入四丈、神道南向。

この墓誌は曹操が高陵に葬られてから百年あまりのち、五胡十六国の後趙の石虎が鄴城を都とした時代のものである。後趙の大僕卿・駙馬都尉であった魯潜が、建武十一年（三四五）九月二十一日に亡くなり、四十五日後の十一月七日に葬られたことが記されている。魯潜の墓の所在について、墓誌は「故魏武帝陵の西北角より西行すること四十三歩、北に廻り墓の明堂に至るまで二百五十歩」と述べている。「墓の明堂」というのが、墓室内の前堂を指すのか、墓前の施設をいうのかは明確でないものの、曹操高陵の西北に魯潜墓があったことがわかる。龍振山（二〇〇三）によれば、この墓誌の実物は安陽県安豊郷西高穴村の西北で、地下二メートルの土中から発見されたものだという。その一帯は五胡十六国時代の墓群が分布するだけでなく、後漢の五銖銭や三国の五銖銭・大泉当千・直百五銖などの貨幣、さらには同時代の雲紋瓦当（図10）なども出土し、それらは曹操高陵に関係するものと推測された。

要するに、曹操高陵が河南省安陽の西高穴村付近にあることは、古文献や出土墓誌の記載によって二〇〇〇年代には明らかになっていた。そうした流れのなかで、二〇〇八年に西高穴二号墓が発見されたのは、必然というべきであった。

図10　西高穴村付近出土の雲紋瓦当

曹操高陵の真偽をめぐる議論

先に述べたように、西高穴二号墓が発見されると、それが曹操自身の墓であるのか、被葬者をめぐって議論が起きた。当初は被葬者を曹操とすることに慎重な意見が多かったものの、墓の構造や出土遺物の全容が公開され、丁寧な論証が積み重ねられたことにより、現在では西高穴二号墓を曹操高陵とする説が定説化している。その主要な論点を以下に整理しておこう。

まず、曹操が建安二十三年（二一八）六月の終令において、自身の寿陵建設を命じた際に、「墳丘を築かず、樹木を植えないように」指示したことはすでに述べた。実際に、西高穴二号墓の発掘では、地上に墳丘がないことが確認された。

また、『魏志』武帝紀によれば、建安二十五年（二二〇）に曹操が洛陽で逝去したときにも、臨終の間際に遺令を発して、あらためて薄葬を命じている。

天下はなおいまだ安定せず、古来のしきたりによる葬儀はできない。埋葬が終われば、みな服喪を解くように。駐屯地にいる将兵たちは、みな持ち場を離れてはならない。役人たちはみなその職を全うせよ。遺体に着せる衣服はその時々の服とし、金・玉・珍宝を副葬してはならない。

前後の記録によれば、曹操が亡くなったのは正月庚子（二十三日）で、その二十七日後の二月丁卯（二十一日）に高陵へと葬られている。現代の感覚からいえば埋葬までずいぶん時間をかけているが、『儀礼』士喪礼などに記される古代貴族の喪葬儀礼では死後に殯（仮埋葬）をへて三か月後に墓所へと埋葬しており、それよりずいぶん短い。

西高穴二号墓は何度も盗掘に遭って埋葬当初の副葬品をとどめてはいなかったが、検出された断片的な副葬品をみると、多くの器物は陶製や石製の簡素なつくりで、金・玉・珍宝の類は確かにほとんど出土しなかった。石製の枕には「魏武王常所用慰項石」とあり、魏の武王が常用していたものであると刻まれていた。「慰項石」は「うなじを慰める石」の意味で、石枕を指すものと考えられている。「圭」や「璧」などの装飾品は、玉製ではなく石製品で代用され、「金・玉・珍宝」を副葬してはならないという曹操の遺令と合致している。

さらに、墓室内から出土した成人男性一体、成人女性二体の人骨のうち、男性は六〇歳前後であることが確認され、曹操の享年が六六歳であることと対応している。これら複数の根拠により、西高穴二号墓が曹操高陵であるとひろく認められることになった。

三　洛陽における曹魏墓の新発見

曹休墓の発掘

西高穴二号墓の発掘開始からまもない二〇〇九年、洛陽盆地北部を横断する高速道路の拡張工事に際して緊急発掘がおこなわれ、後漢から北魏時代にかけての墓地や建築遺構が発見された。なかでも注目されたのが、漢魏洛陽城遺跡の西北、洛陽市孟津県において、曹休の墓が発見されたことである〔洛陽第二文物工作隊二〇一一〕。この墓から出土した銅印に「曹休」の文字があったことから、被葬者の名が曹休であると判明した。曹休は曹操の族子で、文帝・明帝にも重用されて魏の大司馬をつとめた。しかし、太和二年（二二八）九月の石亭の戦いにおいて陸遜が率いる呉軍に大敗し、失意のなかで、この月のうちに病没してしまった。

曹休墓の周囲には、後漢皇帝陵に比定される大型墳丘墓と陵園遺跡が複数あり、西側には「大漢冢」、東側には朱倉七二二号墓と七〇七号墓が分布している。陵園の発掘調査の結果、後二者は後漢中期の造営で、朱倉七二二号墓は順帝憲陵（一四四年没）、七〇七号墓は沖帝懐陵（一四五年没）の可能性が高いと指摘されている〔洛陽市文物考古研究院二〇一四〕。曹休墓は大漢冢陵園遺跡と朱倉陵園遺跡の中間に位置し、周辺のボーリング調査によって、付近には墳丘のない東向きの墓が一一基あることが確認された。つまり、この一帯では、後漢の皇帝陵区の隙間を埋めるようにして、曹氏を含む魏の貴族墓地が営まれていたのである。

曹休墓は、曹操高陵と同じく、長大な傾斜墓道をもつ東向きの塼室墓である。墓室の構造は、甬道の奥に方形の前室と長方形の後室がならび、前室の左側に北側室が一つ、右側に長方形の東南側室と西南側室が並列し、東壁北側にも長方形の小耳室がある（図8―②）。発掘報告によれば墓道の長さ三五メートル、墓壙底面の長さ一五・六メートルと記されるものの、墓室内部の詳細な計測値が報告されていない部分があり、厳密な大きさを算出できない。平面図をもとに計算すると、甬道先端から墓室奥壁までの長さは約一一・六メートルである。墓室内からは五〇歳前後の男性一体と四〇歳前後の女性二体の人骨が出土し、埋葬当初は後室・北側室・西南側室に棺が置かれていたと推定された。また、東南側室から陶製の碗・盤・杯・匙などの明器が集中して出土し、東北の小耳室からは鉄器の破片や銅銭などが出土した。

西朱村一号墓の新発見

二〇一五年から二〇一六年末にかけて、漢魏洛陽城の南方でも曹魏の大型墓が新たに発掘された。新発見の大型墓は、洛陽市寇店鎮西朱村の南、万安山の北麓に位置し、規模と内容から曹魏皇族の墓と推定された〔洛陽市文物考古研究院二〇一七〕。さらに、発掘された一号墓の東方四〇〇メートルの地点にはさらに規模の大きな二号墓があることが確認されており、史書の記載をもとに二号墓は明帝曹叡の高平陵（二三九年没・葬）、一号墓は明帝の近親者の墓と推定された。西方二・五キロメートルの位置には明帝が景初元年（二三七）十月に築かせた委粟山の圜丘があり、それらの北方約二〇キロメートルには明帝が青龍三年（二三五）に造営した太極殿など洛陽宮城の宮殿建築群がある。

西朱村一号墓は、西向きに開口する塼室墓である。傾斜墓道は長さが三三・九メートル、深さ一一・八メートルに達する。地下の墓室は、甬道の奥に前室と後室がならぶ二室構造であった（図8―③）。甬道から後室奥壁まで、塼築部分の全長は、計算によれば一一・二四メートルである。前室の壁面には部分的に漆喰と壁画が残存し、後室の床面には棺の痕跡があった。

墓は盗掘に遭っており、墓室内から出土した副葬品の大半は原位置をとどめていなかった。出土遺物には、若干の装身具、石製の璧・圭、陶製の碗・盤・匙・灯、陶俑、竈・井戸・磨臼・厠・家畜などの模型明器のほか、帷帳の金具や礎石などが出土した。さらに、曹操高陵のものと酷似した三〇〇点あまりの石牌が出土し、それらの銘文には器物の名称・材質・大きさ・数量などが記されていた〔『三世紀東アジアの研究』班二〇二二〕。

西朱村一号墓の墓主は曹魏の高位貴族墓と推定されたが、具体的な被葬者については議論がある。そのなかで、王咸秋〔二〇二一〕は墓の規模が大きいこと、石牌銘文に高位女性の服飾や玩具が多いことなどを根拠に、被葬者は太和六年（二三二）に夭折した明帝の娘、平原懿公主曹淑であるとし、趙超〔二〇一九〕もその説にしたがっている。石牌銘文には女児の履物が含まれることから、筆者もこの墓の被葬者を曹淑とする説に賛同する。曹淑の死について、『魏志』文昭甄皇后伝は次のようにいう。


太和六年、明帝の愛娘である曹淑が死去すると、彼女に領地をあたえて平原懿公主の諡号を贈り、彼女のために廟を建立した。そして、先に亡くなっていた甄皇后の従孫である甄黄と合葬し、甄黄に列侯の位を追贈するとともに、夫人郭氏の従弟の郭悳をその跡継ぎとして甄姓を継がせ、平原侯の位をあたえ、平原懿公主の爵位を継承させた。

また、そのことを『宋書』礼志四は、次のようにまとめている。

魏の明帝には愛娘がいて名を淑といった。生後三月で夭逝してしまい、帝はこれをひどく悲しんで、領地を追贈して平原懿公主と諡し、南陵に葬り、京師に廟を立てさせた。

これらの記述によれば、明帝の娘・曹淑は生後一歳に満たないうちに夭逝したが、明帝は彼女を一人前の皇族女性として処遇し、埋葬後はその霊魂を廟に祭祀した。埋葬にあたっては、死後の世界で結婚させる「冥婚」がおこなわれ、甄皇后の従孫であった故・甄黄と合葬させたと伝えられる。しかし、亡くなった幼子を成人の礼によって葬り、さらに明帝自らが野辺送りのため墓所まで赴いたことは、朝廷で議論を巻き起こした。陳羣や楊阜といった重臣たちが上疏して諫めたが、明帝は耳を貸さなかったという（『魏志』陳羣伝・楊阜伝）。

曹魏大型墓の特徴

曹魏墓は、基本的に地上に墳丘を築かず、陵園・墓園の建築もほとんど確認されていない。

曹操が建安二十三年（二一八）に寿陵建設を命じた際には、墳丘を築かず、樹木を植えないように指示しており、それが遵守されていることがわかる。ただ、曹操高陵の周囲では土を突き固めて造成した牆壁が検出されており、陵園建築の一部をなすものと推定されている。また、西高穴村付近では後漢末から曹魏の遺物が多数出土し、建築に用いられた瓦も発見されている。その瓦当（図10）は雲紋の周囲に鋸歯紋をめぐらせたもので、洛陽城や鄴城の瓦との比較により後漢末から曹魏代に位置づけられる。『宋書』礼志二には次のような記述がある。

魏の武帝が高陵に葬られるに及んで、官吏たちは漢の制度にもとづいて陵上に祭殿を建設した。それに対し、文帝は黄初三年（二二二）に、詔を発して次のように述べた。「先帝は自ら倹約に励み、それを遺言として命じられた。子は父の事績を伝えて孝を尽くし、家臣は職掌を継承して忠義をあらわすものだ。古は墓祭せず、みな廟を建設してそこで霊魂を祀った。高陵上の建物はすべて取り壊し、そこに配置されている車馬は厩に還し、衣服は役所に収蔵して、先帝の倹約の志にしたがえ」と。さらに、文帝も自身の死後の規則を定めて、「寿陵に寝殿を建設し、陵園を造営してはならない」と述べた。これよりのち、陵上の寝殿の制度は途絶えた。

それによれば、曹操が高陵に葬られた当初は、陵上に祭殿が建設された。しかし、それは黄初三年（二二二）に文帝曹丕の詔によって取り壊された。西高穴村の付近から出土した鋸歯紋のある雲紋瓦当は、もともと高陵にともなう祭殿の屋根瓦であったものが、建物の撤去により廃棄されたものと推定される。

地下構造についていえば、現在までに発掘された曹魏の大型・中型墓の多くは、長い傾斜墓道を掘り込み、地下に塼積の墓室を築いている。地下の墓室は、主軸上にならんだ前室と後室を基本とし、等級に応じてその両側に複数の側室が加えられる。複数の部屋のうち、後室を中心とした墓室後半部分が棺を安置する空間であるのに対し、前室を中心とした墓室前半部分は祭祀・儀礼空間であり、またさまざまな副葬品の収納空間でもあった。

曹魏墓のこのような構造は、後漢の王侯墓を簡略化したものと考えられる。かつて俞偉超〔一九八〇〕は、後漢後半期の王侯墓は基本的に前・中・後室からなる三室構造であるのに対し、魏晋代には単室墓が主流となることを指摘し、そこに「漢制」から「晋制」への転換を見いだした。後漢大型墓の前室は「庭（正殿の前の広場）」、中室は「明堂（前堂、祭祀空間）」、後室は「後寝（寝室、墓主の私的空間）」と位置づけられ、それらの左右に付属する耳室に副葬品が安置された。後漢墓の三室のうち前室を省略し（あるいは前室と中室を統合し）、中室と後室、およびそれに付属する耳室を残したのが、曹魏墓の構造といえるだろう。

さらに、曹魏代に墳丘や陵園建築が禁じられ、墓の簡素化が促されたことは、その副葬品にも大きな影響をあたえた。漢代に盛行した模型明器の類は大幅に種類と数量を減じ、わずかに墓を守護する鎮墓獣、少数の人物俑と牛車・馬、竈・倉の模型などがみられるだけである。人物俑と牛車・馬の模型は、出行儀仗の隊列を象徴するもので、被葬者の身分の表象であった。曹魏墓に牛車と馬の模型が副葬されていたことは、西朱村一号墓の石牌からうかがうことができ、それについては前章の岡村論文において論じられている。

また、墓室の奥に安置された棺の内外には装身具・化粧道具・裁縫道具・刀剣・文房具などが副葬され、これらは被葬者が身の周りで使用するものである。墓室の前半部分からは榻（小型の寝台）・案（つくえ）・凴几（ひじかけ）・帷帳・灯・香炉などの調度品と碗・盤などの飲食器が出土し、これらは墓室内でおこなわれた祭祀の道具である。

薄葬化が進行するなかで、生前の暮らしを墓室内に再現しようとする意識は希薄になり、葬儀に欠かせない本質的な要素として残されたのが、墓室内祭祀にかかわる調度品と飲食器類だった〔向井二〇一四〕。曹魏大型墓に副葬された品々については曹操高陵と西朱村一号墓の石牌によってその全容を復元することができ〔「三世紀東アジアの研究」班二〇二二・二〇二三〕、それらの内容については次章の森下論文が詳しく論じている。

四　厚葬から薄葬へ

漢代における薄葬の議論

薄葬の議論や実践は、必ずしも曹魏の時代にはじまったものではない。前漢の文帝は覇陵に墳丘を築かず、それが君主の理想的な行為として賞賛された。前漢末に成帝が昌陵建設に数年を費やした挙げ句に、それを放棄して延陵の造営を再開しようとしたとき、劉向は成帝に諫言して次のように述べている（『漢書』劉向傳）。

孝文皇帝は墳丘を除いて薄葬をお命じになり、倹約をもって霊魂を安んじました。このことを手本とすべきでしょう。秦の昭王や始皇帝は墳丘を大きくして副葬品を手厚くし、奢侈によって害を生じました。このことは戒めとするに十分でしょう。

地上に墳丘を築かない文帝の薄葬は後世の手本とされ、後漢代にも同様の議論がなされた。後漢の王符は『潜夫論』浮侈篇において当時の厚葬を批判している。

前漢の文帝は芷陽《しよう》に葬られ、後漢の明帝は洛陽の南に葬られた。いずれも珠玉・宝物を副葬せず、廟を建設せず、山陵を造営しなかった。それらの陵墓の墳丘は低くても、その聖徳は高い。今、京師の貴族たちや、郡県の豪族たちは、親が生きているときに孝養を尽くそうとせず、死んでから喪に服することを重視するのである。あるいは金や玉を彫刻し、はるばる江南から木材を運んで棺や椁をつくり、良田を墓域に変えて、黄土中に墓室をつくり、珍宝・偶人・車馬を大量に埋め、高大な墳丘をつくり、広範囲に松や柏の木を植え、廬舎（遺族が墓側で喪に服するための小屋）や祠堂（墓前の祭祀建築）は豪華なものが好まれている。寵臣や貴族・皇族、地方の豪族たちは、喪葬があるたびに、都の役所やその所管の地域から、担当の役人が派遣されて、葬儀に用いる車馬や帷帳が与えられ、客人たちを接待する道具も華やかさを競っている。こうしたことは、死者に奉仕することに何ら役立たず、孝行を増すものでもなく、ただ混乱を招き、官吏や民衆を害するだけだ。

後漢代には、前漢文帝の薄葬が美徳とされ、光武帝や明帝は生前に自身の寿陵の制度について命令を下し、墳丘の築造を禁じている。しかし、実際の後漢皇帝陵は、そのとおりには造営されなかった。前漢諸陵より規模を縮小したとはいえ、後漢皇帝陵にも墳丘や陵園がある。皇帝自身が生前に薄葬を命じることは、その徳の高さを世間に周知するねらいがあったが、実際に薄葬が実現するかどうかは、後継者である次の皇帝に委ねられた〔村元二〇一六〕。『魏志』文帝紀には、文帝曹丕の次のような言葉が記されている。

漢の文帝の陵墓があばかれなかったのは、覇陵の所在をさがす目印が地上になかったからである。光武帝の陵墓が盗掘されてしまったのは、原陵に墳丘と樹木があったからである。覇陵が完全なままであるのは、（薄葬を進言した）張釈之の功績である。原陵が盗掘されたのは、（光武帝の遺命に反して墳丘を築いた）明帝の罪である。

漢代の厚葬は、儒家が重視した「孝」に裏づけられていた。後漢代には、薄葬が君主の理想的なおこないだと考えられる一方で、厚葬により「孝」を実践する当時一般の風潮に反することは難しかったのだろう。薄葬の遺詔は形式的なものにとどまり、実態と乖離していた。

曹魏における薄葬の実践

しかし、後漢末の動乱は、その状況を一変させた。戦乱のさなか、董卓は後漢の諸陵をことごとく盗掘し、曹操もみずから将校を率いて各地の墳墓を乱掘した。厚葬の象徴である巨大墳墓の惨憺たる結末を目にし、また不安定な社会的・経済的情勢も加わって、曹魏の時代には一気に厚葬から薄葬へと転換せざるを得なくなった。

後漢末の建安十年（二〇五）、曹操は民に厚葬を禁じ、また建安二十三年（二一八）には自身の寿陵をさだめて、高地を利用して墓をつくり、墳丘を築かず、樹木を植えないように命じた。そして臨終に際しては、自身の遺体にはその時々の衣服を着せるのみで、金・玉・珍宝を副葬してはならないと遺令を下した（『魏志』武帝紀）。文帝曹丕は薄葬をさらに推進し、曹操の高陵上にあった祭殿を撤去し、自身の寿陵についても墳丘の築造や寝殿・陵園の造営をやめさせた（『宋書』礼志）。こうした状況が、曹魏大型墓の構造に反映されたことは、先に述べたとおりである。

曹魏の薄葬は、皇帝陵のみならず、王侯貴族墓にも影響をおよぼした。文帝曹丕の弟である陳思王曹植のほか、魏の賢臣であった高堂隆や韓曁らが、死去に先立って薄葬を遺言している（『魏志』陳思王植伝・高堂隆伝・韓曁伝）。彼らの墓が完全にその遺言どおりであったかは不明だが、曹魏墓には確かに墳丘がなく、後漢墓より小型で、副葬品も簡素である。曹魏の時代には理念だけではなく実態をともなった薄葬が実践されるようになっていったのである。

「清」の象徴としての薄葬

先にみたように、後漢時代には「濁流」と呼ばれた外戚や宦官が政治を支配し、その権勢は次第に強大化していった。しかし、彼らの財力を背景とした賄賂や汚職が蔓延し、儒家的理念にもとづいて官吏を登用する「郷挙里選」が機能不全に陥ると、儒学を修める知識人たちから批判を浴びることとなった。外戚や宦官の汚濁から、儒家的国家理念にもとづく共同体秩序を守るべきだとする知識人たちの「清議」は、地域共同体の世論である「郷論」と結びついて全国に拡大していった〔川勝一九六七・一九七四〕。そうしたなか、徒党をなして政権を批判した清流派の儒家官僚――党人たちを宦官勢力が弾圧したのが延熹九年（一六六）と建寧二年（一六九）の二度にわたる党錮の禁であった。徹底した弾圧によって清議運動の中核をなした党人たちは一掃されるものの、その周辺にいて弾圧を免れた清流派士大夫たちのなかから、新しい時代を担う「名士」たちがあらわれてくる。こうした「名士」たちについて、川勝義雄〔一九七四〕は次のように述べている。

野にあって一般民衆に近い質素な生活態度をとり、余財があれば、これを私有することなく、周辺の貧民に分け与えて、崩壊しつつある郷村共同体の維持に努める知識人、そのような形で、富殖豪族の権力機構となり終わった後漢政府に対して、暗黙の抵抗を試みる反権力的な知識人が、世論において高い評価を受け、いわゆる「名士」とされていったのである。

川勝による清流派の定義、とりわけその範囲については否定的な意見もあるものの、党人弾圧下の「名士」たちのもとで育った陳羣・荀彧・荀攸・鍾繇らが曹操のもとで新しい政権をつくりあげていったことは注意される。彼らは後漢時代に弾圧されていた在野の知識人層に出自し、それゆえに魏晋の貴族たちは、「清」であらねばならなかった。

前章の岡村論文によれば、後漢の士大夫たちは庶民に寄り添って「清倹」に努め、権力のシンボルであった車馬を捨てて庶民の乗用する牛車に乗り換えた。士大夫の「清」を重んじる風潮、戦乱による軍馬の需要増、道路メンテナンスの停滞など、さまざまな要因がからまって、車馬は急速に衰退し、庶民の利用する粗末な牛車が士大夫の乗用に転化したという。

後漢から魏晋にかけて、厚葬から薄葬へと転換した背景にも、同様の社会的・経済的要因がある。厚葬は後漢政権を牛耳って財をなした「濁流」宦官勢力の象徴であるのに対し、薄葬は清流派士大夫たちが重視した「清倹」「清貧」の象徴であった。ただ、漢代において厚葬は親への「孝」を象徴するものとされたため、後漢初期に光武帝が薄葬を奨励しても、それが実践されることは少なかった。しかし、後漢末の戦乱のなかで多くの墓が盗掘に遭い、厚葬を「孝」と結びつける思想に疑問の目が向けられ、また社会的・経済的要因からも薄葬が実践されていくこととなる。後漢末の大儒学者・鄭玄が生前に薄葬を遺言したように、野にあって名望を得た知識人たちは、「清」の象徴として積極的に薄葬を進めていったのである。

おわりに

後漢の曹操宗族墓地と魏の曹操高陵・曹休墓・西朱村一号墓などを比較すると、曹操高陵を転換点として、厚葬から薄葬へと大きく変化したことがわかる。墓室の規模に大きな差異はないとはいえ、後漢の曹操宗族墓地が列侯クラスを頂点とする墓地なのに対し、曹操高陵は曹魏の最高等級に位置づけられる陵墓であるから、墓室規模が後漢から曹魏にかけて縮小しているのは明らかである。墓室構造においても、前・中・後室を基本とした三室構造から、前・後室を基本とした二室構造へと変化した。さらに、前者には玉衣や玉枕など豪華な葬具がともなうのに対し、後者にはそうした豪華な葬具や副葬品はみられない。

漢代にはすでに薄葬を美徳とする思想が知識人の間でひろく共有される一方で、皇帝陵や貴族墓において薄葬が実践されることは少なかった。それは、漢代の厚葬が、儒家の重視した「孝」に裏づけられていたためであり、それゆえに豪族たちは現世の邸宅をかたどった墓室を地下に築き、地上に巨大な墳丘や陵園を造営した。しかし、後漢末の動乱のなかで、多くの墓が盗掘に遭い、厚葬を「孝」と結びつける思想に疑問の目が向けられ、また社会的・経済的要因からも薄葬が推奨されていった。その大きな転換点が、曹操高陵だったのである。

参考文献

安徽省亳県博物館　一九七八「亳県曹操宗族墓葬」『文物』第八期
王咸秋　二〇二一「洛陽西朱村曹魏一号墓墓主考」『華夏考古』第三期
岡村秀典　二〇〇三「後漢代大型墓の構造と規格」『立命館大学考古学論集Ⅲ』立命館大学考古学論集刊行会
岡村秀典　二〇二一『東アジア古代の車社会史』臨川書店
河南省文物考古研究所編（渡邉義浩監訳・解説）二〇一一『曹操墓の真相』国書刊行会
河南省文物考古研究院　二〇一六『曹操高陵』中国社会科学出版社
川勝義雄　一九六七「漢末のレジスタンス運動」『東洋史研究』第二五巻第四号
川勝義雄　一九七四『魏晋南北朝（中国の歴史3）』講談社
近藤喬一　二〇〇三「三国両晋の墓制と鏡」『アジアの歴史と文化』第七輯　山口大学アジア歴史・文化研究会
呉金華　二〇一〇「曹操〝七十二疑冢〟到底是怎麼回事」河南省文物考古研究所編『曹操高陵考古発現与研究』文物出版社
「三世紀東アジアの研究」班　向井佑介・森下章司　二〇二二「洛陽西朱村曹魏墓出土石牌銘選注」『東方学報』京都九七冊
「三世紀東アジアの研究」班　向井佑介・森下章司　二〇二三「曹操高陵出土石牌銘校注」『東方学報』京都九

八冊
関尾史郎　二〇一九『三国志の考古学―出土資料からみた三国志と三国時代』東方書店
趙超　二〇一九「洛陽西朱村曹魏大墓出土石牌定名与墓主身份補証」『博物院』第五期
田昌五　一九七八「読曹操宗族墓磚刻辞」『文物』第八期
馬忠理　一九九四「磁県北朝墓群―東魏北斉陵墓兆域考」『文物』第一一期
亳県博物館　一九七四「亳県鳳凰台一号漢墓清理簡報」『考古』第三期
亳州市博物館　一九八八「安徽亳州市発現一座曹操宗族墓」『考古』第一期
向井佑介　二〇一四「墓中の神坐―漢魏晋南北朝の墓室内祭祀―」『東洋史研究』第七三巻第一号
村元健一　二〇一六『漢魏晋南北朝時代の都城と陵墓の研究』汲古書院
兪偉超　一九八〇「漢代諸侯王与列侯墓葬的形制分析」『中国考古学会第一次年会論文集』文物出版社
洛陽市文物考古研究院　二〇一四『洛陽朱倉東漢陵園遺址』中州古籍出版社
洛陽市文物考古研究院　二〇一七「河南洛陽市西朱村曹魏墓葬」『考古』第七期
洛陽第二文物工作隊　二〇一一「洛陽孟津大漢冢曹魏貴族墓」『文物』第九期
龍振山　二〇〇三「魯潜墓志及其相関問題」『華夏考古』第二期

挿図出典
図1・2　筆者作成
図3　安徽博物院展示パネルをもとに作成
図4　安徽博物院展示資料、筆者撮影
図5・6　岡村二〇〇三：図1を再トレース
図7　河南省文物考古研究院二〇一六：彩版七九より転載
図8　①河南省文物考古研究院二〇一六、②洛陽第二文物工作隊二〇一一、③洛陽市文物考古研究院二〇一七より再トレース
図9・10　龍二〇〇三より転載

石牌銘文からさぐる曹操一族の宮廷生活

森下章司

はじめに

曹操墓の発見として大きな話題を呼んだ河南省安陽市西高穴村二号墓は、二〇〇八年に正式に発掘調査された。この墓を曹操高陵と同定する重要な根拠となったのが石牌と呼ばれる石製の札であり、それに記された「魏武王」という銘である。そのほかにも石牌が計六七点出土し、多くが副葬器物名を記したものであった。ただし盗掘による発見であったため、石牌の「魏武王」銘に対する疑義、曹操墓としての真偽について大きな議論が巻き起こった。報告書は二〇一六年に刊行されたが〔河南省文物考古研究所二〇一六〕、この時点では、こうした石牌資料は他に例が知られていなかった。

二〇一五・二〇一六年に洛陽南郊の西朱村一号墓が洛陽市文物考古研究院によって発掘調査され、同形式の石牌資料が破片もふくめて大量に出土した〔洛陽市文物考古研究院二〇一七〕。そこには豊富な種類の副葬器物名が記されており、石牌資料の研究を大きく前進させることとなった。西高穴村二号墓を曹操墓とする議論についても、研究者の間でおおむね決着するに至った（以下「曹操高陵」と呼ぶこととする）。西朱村一号墓は立地や墓の特徴、石牌銘の内容から、曹魏皇帝一族の墓とみられる。

このように石牌資料は曹魏の墓や被葬者の同定に大きな役割を果たした。一方考古学の視点からは、この当時の墓の副葬品の全体像を復元する材料としても有益な資料であることに注目したい。後漢～三国時代の大型墓は大半が盗掘の害を受け、副葬品の全体が不明な場合が多い。それは墓の構造にも原因がある。

前漢代の墓では木槨と呼ばれる埋葬施設が流行し、それらは地中深くに埋設された。そのため盗掘の害をまぬがれやすく、かつ密封された状態が幸いし、通常では腐朽しやすい副葬品がよく残っている場合がある。被葬者の身体や衣服、漆器、飲食物などがほぼ埋葬時のままで残されていた湖南省馬王堆一号墓の例が有名である（図1）。

図1　馬王堆一号墓の埋葬施設遺存状況

後漢～三国時代の墓では、レンガ状の塼《せん》を使って墓室を築いた塼室墓が主流となる。塼室墓は空洞部分が多く、通路があることもあって盗掘を受けやすい構造である。また木槨墓と比べて密封性が弱いため、織物や木製品などの有機物製品は腐朽してほとんど残っていない。こうした点は日本の古墳時代の横穴式石室と事情

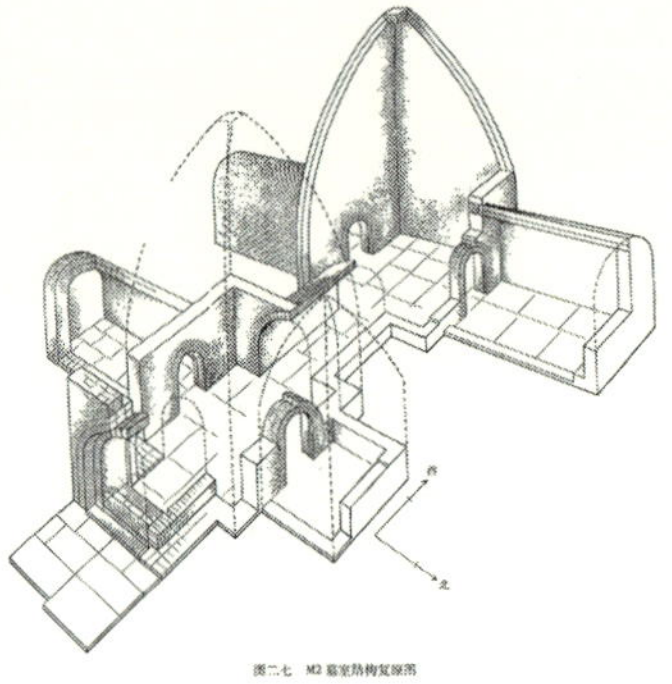

図2　曹操高陵墓室の模式図

が似ている。

曹操高陵と西朱村一号墓も塼室墓であり（図2）、両者とも大きな盗掘の害を受け、副葬品の大半が失われた。有機物製品も多くは出土していない。ところが二つの墓から出土した石牌には、副葬器物の名称や数量、特徴などが銘文として記されている。そこには衣服、家具などの腐朽しやすい器物の名称も多くふくまれていた。後漢末～三国時代の墓の副葬品の全体像を知る上で一級資料となりうるのである。

両墓の被葬者がきわめて高位の人物であることも重要である。曹操については改めて言及するまでもない。西朱村一号墓の被葬者に関しては、曹魏の明帝の愛娘で夭折した曹淑と甄黄の冥婚墓（死者同士を結婚したものとして共に葬った墓）とする説も提出されている（王咸秋二〇二二）。曹淑は太和六年（二三二）の誕生した年に亡くなった。哀惜した明帝は平原懿公主を追贈し、廟を立て、母の甄后の従孫甄黄と合葬した（『三国志』魏書・文昭甄皇后傳）。葬送の際に自ら立ち会ったことが礼に背くと家臣の楊阜に諫められたが、帝は従わなかったという（『三国志』魏書・楊阜傳）。明帝の悲しみの深さを伝える。西朱村一号墓を曹淑の墓とする根拠は、この墓が洛陽南郊の推定明帝陵附近に位置すること、二つの棺の痕跡が小さく子供用とみられること、両者が同時に埋葬されたとみられること、石牌の副葬器物銘に鳩車（子供の玩具）や小さな女性用の沓（六寸の「宛下」、外寸で約一四・三センチメートル）がふくまれていたことがあげられている〔王咸秋二〇二二〕。いずれにしても立地や年代、副葬品の内容からみて曹魏皇帝の近親者の墓であることに疑いはない。

このように石牌は曹魏皇帝一族の墓葬と深く関わる資料でもある。西朱村一号墓石牌にみられる副葬器物はきわめて豪華な品物も多く、皇帝一族の華やかな宮廷生活の実態をうかがう上でも重要である。さらに、そうした品々を墓に納めたことの意味、墓制や埋葬観念を研究する際にも欠かせない資料といえる。

一　石牌資料の概要

これらの石牌は、細長い圭形の形式（高さ一〇・九五㎝　幅三・一五㎝、厚〇・八㎝）、六辺形と称される形式（高さ八・四㎝、幅四・八㎝、厚〇・八㎝）の二種類がある（図3）。前者は曹操高陵のみから出土し、後者は双方の墓から多く出土した。両形式共に頂部に孔があけられており、そこに紐などを通し、吊るして使用したことがわかる。圭形のものには孔に通された銅線が

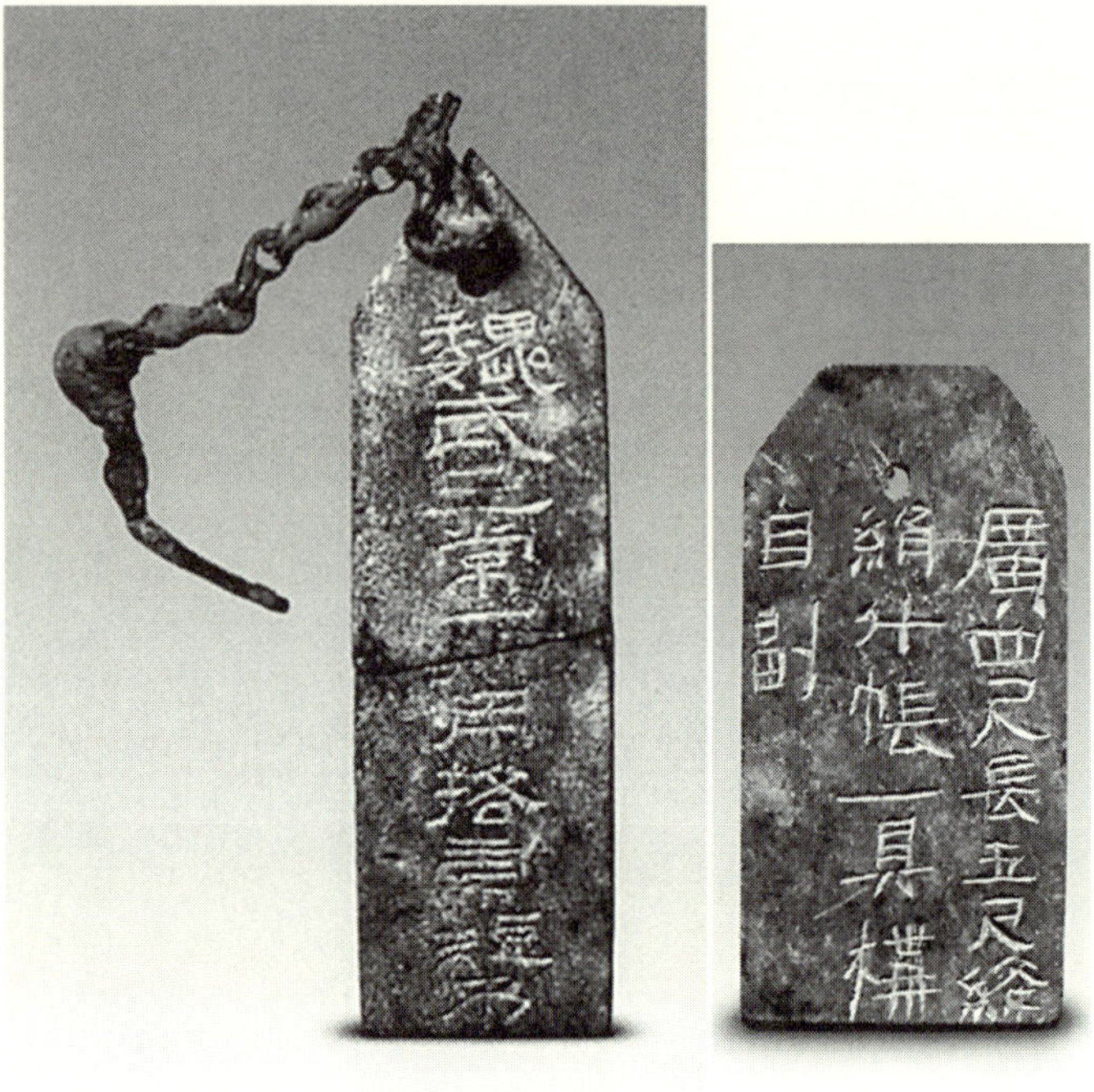

図３　圭形石牌と六辺形石牌　曹操高陵

残っているものもあった。曹操高陵からは総計六七点、西朱村一号墓からは二七六点と小破片が出土している。

　石牌には、器物の材質や装飾、名称、数量、附属物などを刻線で記す。基本的に一品目に一枚の石牌が対応する。

　器物の名称など今では意味が分からなくなった語も多くあり、品目や用語の同定にはさまざまな角度からの検討が必要である。中国では李零氏や曹錦炎氏などの研究者が取り組み〔李零二〇一九ほか〕、後者の成果は『流眄洛川』という大著に鮮明な写真や拓本と共に掲載された〔史家珍ほか二〇二二〕（以下「流眄」の略称を用いる）。曹操高陵の出土品は報告書に写真が示されている〔河南省文物考古研究院二〇一六〕。

向井佑介氏と共に筆者は、文献や出土遺物と照合検討して、これらの石牌銘の釋読・器物の同定に取り組んだ〔三世紀東アジア二〇二三・二〇二三〕。以下、この検討結果に基づいて、石牌からうかがえる曹魏墓の副葬品の特色をみてゆくことにしよう。両墓の石牌の検討成果は『東方学報』第九七・九八冊に掲載しており、リポジトリからＰＤＦもダウンロードできる。詳細についてはそちらをご参照いただきたい。

京都大学人文科学研究所リポジトリ『東方学報』ページ

https://repository.kulib.kyoto-u.ac.jp/dspace/handle/2433/66100

二　石牌の用途・役割

本題に入る前に、この石牌の使用法に関する問題について触れておこう。

形としては、器物に附けられた物品札の特徴を示す。頂部には紐を通して吊り下げるための孔がある。石牌上辺は両肩の角が落としてある。運搬の際に揺れて牌の角が容器などにあたっても傷がつかないようにするための措置である。馬王堆一号墓から出土した「木楬」と呼ばれ

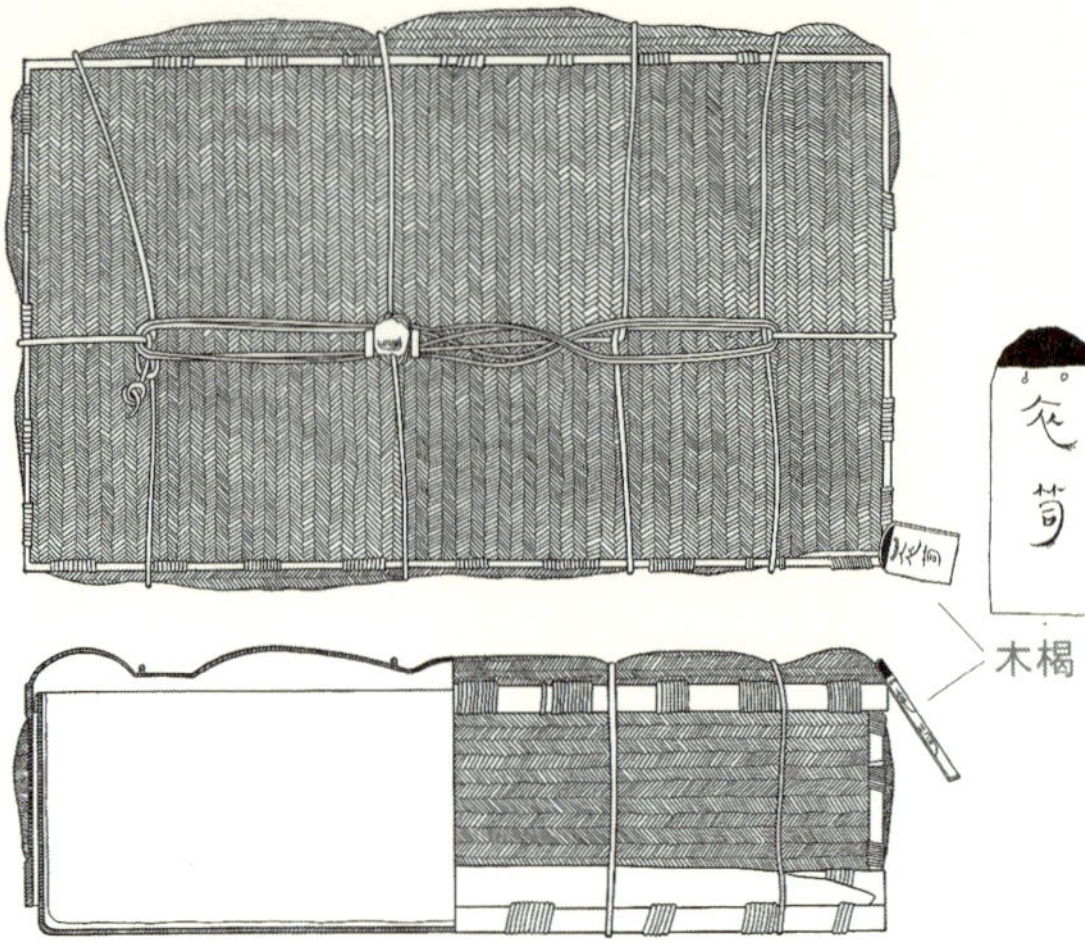

図4　籠と木楬　馬王堆一号墓

る木札も上部が円く仕上げられている（図4）（湖南省博物館ほか一九七三）。同様の形態の木札は、中国の漢代の遺跡や日本の奈良時代の木簡中に物品札としてみることができる。こうしたことから中国の研究者の間では「石楬」という呼称が定着しつつある。

しかし曹操高陵・西朱村一号墓出土石牌の用途を単純に物品札と限定するには、色々な疑問点もある。

まず器物の種類や大きさに関係なく、同形同大の石牌を用いていることがある。後述のように、物品の中には頭飾りの装飾品のような数センチメートルの小さなものから、家具のような数メートルのものまで差があるのにも関わらず、石牌のかたちと大きさは等しい。小さな装飾品の場合には石牌が同大かそれを上まわる大きさとなるものもある。

先に示した馬王堆一号墓の木楬は、食品を納めた笥（籠）に附けられたものであった（図4）。つまり直接には見えない中身を表示するための札である。容器を用いず、直接墓に納められた器物に木楬は附けられていない。西朱村一号墓石牌のように、かたちや大きさ、種類が多岐にわたる副葬品全体に物品札を附けた墓葬例は知られていない。

石牌を副葬器物に直接附けたとすると、装飾法や寸法などの記載が詳細であることも不思議である。箱を附属品として記しているものもあり、容器や袋に石牌を附けたわけでもなさそうである。

石牌銘の記述法に「目録」と類似するところがあることにも注目しておきたい。器物の材質、とくに装飾に用いた材料の豪華さを強調する点や、「自副」として附属品を記す記載法は、献上品目録や副葬品目録（遣策）のような目録と共通する〔霍二〇一九　Morishita 2024〕。曹操が漢の献帝に献上した品物の目録「上雑物疏」（『北堂書鈔』『太平御覧』等に引く）には石牌と共通する品目名がみられるばかりでなく、装飾法や材料などを詳しく記す点が共通し、また「自副」として附属品を示す表記法も同じである。

こうした目録において材質や装飾を詳しく記すのは、献上や副葬の際に物品の豪華さを顕示するためである。石牌には副葬品目録という性格もあり、葬送の際に読み上げるような使われ方があったのかもしれない。

また曹操高陵石牌には数量の記載部分に関する修正が多くみられる〔Morishita 2024〕。こうした修正は漢代の副葬品目録（遣策）にも例があり、葬送準備段階でのチェックなどに目録が利用されたと考えられている〔鈴木二〇一一・二〇一四〕。

両墓の石牌の具体的な使用法や役割については、今後の検討課題としておきたい。なお曹操高陵の圭形石牌は、武器や武具に附けるための専用の形態である。銘文にみられる「魏武王挌虎」という文言は、盗掘者や死者に害をなす存在に対する威嚇的な表現と考える。この形式の石牌は、墓室の入口などに立て掛けた武器・武具から吊り下げ、魔除け的な効力をもたせたと推測している〔Morishita 2024〕。

三　石牌銘と副葬品

残りがよい西朱村一号墓出土の石牌資料について、とくに魏の宮廷生活をうかがわせる例をいくつか選んで取り上げて、記載法や副葬品の特色をみることにしよう。

西朱村石牌に記された器物の種類と石牌の数量は次の通り。

一　衣服（衣服一三点、綬帯―一点、履物―一点、冠・頭飾―三五点、佩飾・装身具―一四点、手巾―一点）

二　什器（机・坐具・帳―一七点、敷物・寝具―五点、衣枷―二点、燈火具・香爐―一二点、笥・箱・篚・函―二四点、鏡・化粧道具―九点、衛生器具―四点、文房具―三点）
三　飲食（飲食物―九点、調理具―一四点、飲食器―三八点、薬―一点）
四　車馬（五点　明器ふくむ）
五　武器（四点）
六　楽器（一四点）
七　儀礼（九点）
八　造形（四点　埋葬儀礼用品ふくむ）
九　娯楽（一一点）
一〇　動植物（植物―四点、海産物（貝）―九点）
不明（断片―六〇点）

実に多くの品目が副葬されていたことがわかる。以下、そのうちの代表的な器物の石牌を取り上げるが、釋文は「三世紀東アジアの研究」班二〇二一「洛陽西朱村曹魏墓出土石牌銘選注」を用い、その番号を「選注」として記した。□は判読できない文字を表す。Mは発掘時の遺物番号、流眄釋・流眄図は『流眄洛川』の釋文番号および図の番号である。

図5　衣服の石牌
西朱村一号墓

図6　綬の石牌　西朱村一号墓

○【衣服】白緋練構襦一領（図5　M一：四五四、選注一、流眄釋六、流眄図八〇）

白色で緋色の縁取りのある、ねりぎぬ製（白緋練）の筒袖（構）で、上と下がつながった着物（襦）が一着。

衣服は各種の名称がみられるが、「白緋」色の絹製が大半を占めている。「錦」は敷物の縁取りや寝具などに使用がみられるが（選注五三～五六・七二）、衣服の石牌にはない。馬王堆一号墓に副葬された衣服に各種の色を用いた多彩な織物があることと対照的である。

○【綬】朱綬文綬嚢一、八十首朱綬、九采袞帯、金鮮卑頭自副（図6　M一：三六六、選注一二、流眄釋四、流眄図二〇九）

朱綬を入れるための綬嚢が一点、それに八十首の朱綬と九采の帯、そして帯金具にあたる金の鮮卑頭がセットになっている。

綬とは印や玉製品を佩用するための帯であり、着用者の身分に応じて色や紐の組み方の複雑さに差が設けられた。八十首は糸を合わせたものを組み合わせた数を指すが、綬の幅は決まっているため、この首数が多いほど細密なものになるという〔林一九七六：一〇〇～一〇二頁〕。これに九采の組紐を編んだ帯と「鮮卑頭」と呼ばれる金製の帯金具がともなう。別の石牌には「□百廿首朱綬」と記したものがある〔選注一三〕。

こうした綬帯を墓に副葬する場合のあったことが初めて知られた。

○【頭飾】翡翠・金・白珠挍小形多股蟬一具、柙自副
（図7　M一：五七、選注一八、流眄釋二五、流眄図一九〇）

翡翠（カワセミの羽）や金・白珠をちりばめた小型の蟬形飾一具、それを収納する箱（柙）がともなう。

蟬形飾りは、冠の前立に附けた飾金具と考えられる。『続漢書』輿服志には、皇帝のそば近くに仕えた武官用の「武冠」と呼ばれる冠に関して、黄金璫（金製の前立）に蟬形の飾りを附けたとある。また出土品としても西晋から東晋墓などで実例が知られている〔大谷二〇一二〕。たとえば山東省臨沂市の洗硯池晋墓では、高さ四～五センチメート

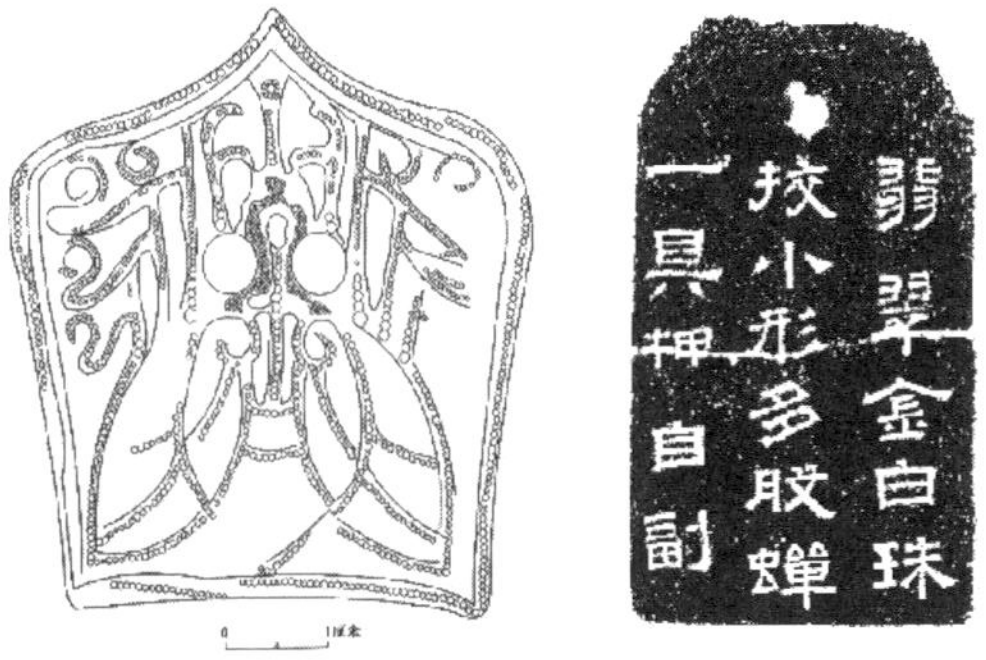

図7　蟬形頭飾の石牌と出土飾金具　右：西朱村一号墓　左：洗硯池晋墓

ル前後と小さく、銅板の表面を金箔で覆い、透彫で蟬が肢を広げた姿に表した装飾品がみつかった（図7）（山東省文物考古研二〇一六）。多数の金粒を融着した例（細金細工）もあり、石牌銘は金珠をそのような技法であしらったことを表すものかもしれない。緑色を帯びた光沢をもつカワセミの羽で飾る場合のあったことが知られる。

この例が示すように、石牌銘は物品名や数量だけでなく、装飾や材質についても詳しく記載するのが特徴である。器物に直接吊り下げていた物品札としては、あまり必要性のない記述である。「自副」は先述のようにセットとなる器物を附け加える記述法で、物品目録にみられる。この附属するという表現は、こうした小さな飾金具が箱（柙）の中に納められ、その箱に石牌が附けられていたとすると不自然な記述でもある。

ここでは紹介しないが、他の石牌には「奠」に竹冠を附けた文字で表し、「鈿」と同じものと考えられる金具が多数ある（選注二三～三二）。カワセミの羽や金・白珠をちりばめた飾金具と解される。これも頭飾りなどに用いられたものであろう。石牌の数としては、こうした頭飾りに関わる物品を記したものがきわめて多い。いずれも希少な材料を使っており、表記法からはその豪華さを強調する意図もうかがえる。

○【頭飾】　六寸璹瑁叉□奏、丹縑奏自副（図8　M一：五三、選注三三、流眄釋四三、流眄図一四七）

長さが六寸の玳瑁（瑇瑁）を用いた釵（叉）を指し、赤い絹製袋（丹縑袤）がセットとしてある。

石牌銘には多彩かつ希少な素材を用いた器物がみられる。玳瑁は熱帯から亜熱帯地域に生息するウミガメの一種で、その甲羅は透明性と光沢があり、黄色地に黒の斑点が入ることが特徴である。弾力性があることから櫛など身に附けるものに利用された。

劉芳芳は漢代の玳瑁製出土品を集成し、その使用品目が葬送礼器、装身具、装飾品や飲食器など多種に及ぶことを示している〔劉芳芳二〇二二〕。その上で前漢中期以前には諸侯や列侯クラスの墓から玳瑁製品が出土しているのに対し、前漢中期以降は地方官僚や富豪クラスの墓にも副葬例がみられ、数量も増加する傾向にあると述べる。漢代には揚州や山東など中国内でも獲得されていたが、やがて需要の増大などにより、朝貢や貿易を通じて中国外から珍奇な素材のひとつとしてもたらされたとみる。

『後漢書』賈琮傳では、現在のベトナム（交阯）に産出するさまざまな珍しい産物のひとつとして玳瑁をあげる。この石牌銘の場合は、遠方からもたらされた貴重な材を用いて作られた高貴な装身具であることを意味するのであろう。

図８　釵の石牌　西朱村一号墓

図9　腕輪（跳脱纓）の石牌　西朱村一号墓

○**【装身具】**　珊瑚人、車渠跳脱纓一具（図9　M一：四七一、選注四五　流盱釋六〇、流盱図一二七）

珊瑚製の人形を附けた、玉石（車渠）製の腕輪（跳脱纓）が一組。

右と同様に珊瑚という希少な素材を用いた装身具である。「跳脱纓」とは腕輪のことであり、「珊瑚人」はそれに取り付けられた人形の珊瑚製装飾品を指す。

古代中国において珊瑚は南海産のほか、「大秦国」の産物として文献に登場する（『後漢書』西域傳・大秦国）。後漢代以来、天子の冠の前後に吊り下げる珠には白玉珠を用いていたが、魏の明帝は婦人の装身具を好んで珊瑚珠に替えたとの話が残る（『晋書』輿服志）。曹植の「美女篇」（『曹子建集』）にも装身具の材としてみえる。

「車渠」は玉に次ぐ貴石を指し、魏文帝の「椀賦」（『藝文類聚』宝玉部）に西域産の石としてあらわれる。曹植にも西域からもたらされた車渠を用いて作られた椀の美しさを称賛した「車渠椀賦」という作品がある（『曹植集』）。このように遠方産の希少な素材を用いた器物名は、曹魏皇帝一族が作った文学作品に散見される。華やかな物品を珍重した、曹魏の宮廷の風潮をうかがうこともできる。

図10　斗帳の石牌　西朱村一号墓

○【什器】　□□□□□丹地承雲錦斗帳一具、絹隔緹沓自副（図10右　M一：二七〇、選注六四、流眄釋九二、流眄図二〇八）

赤地の承雲錦（雲気文の錦織物）でつくった斗帳一具で、内部を仕切る絹織物（絹隔）、頂部を赤色ないし赤黄色の絹布で覆ったもの（緹沓）がともなう（自副）。

○【什器】　□□尺長一丈斗帳中白食絹隔一具（図10中　M一：二二一、選注六五、流眄釋九三、流眄図一七一）

斗帳に用いる高さが□尺で長さが一丈の内部を区切る（隔）ための白色の絹織物（白色絹）が一具。

○【什器】　□□□□[一]丈墨□□斗帳構一□構青油一枚（図10左　M一：六八、選注六六、流眄釋九四、流眄図二六九―二）

黒漆を塗った斗帳の枠（斗帳構）が一組で、青油（油を用いて光沢を出した漆）を塗布したものがふくまれる。

右の三点は斗帳に関わる石牌である。斗帳とは椀を伏せたような形に枠組を設けた上に織物を被せたり、巡らしたりして覆ったもので、中に座を設け、貴人の居所とする（図11）。漢代

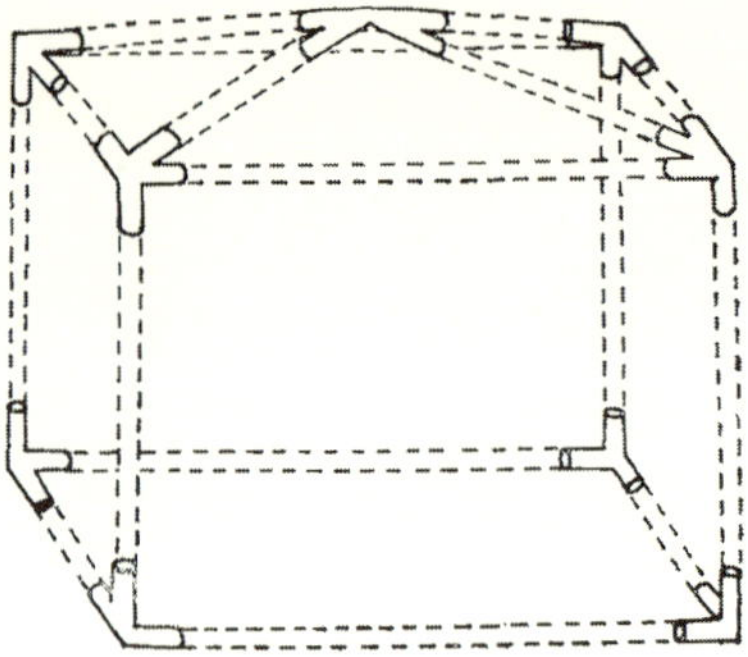

図11　帳の復元図　洛陽一六工区墓

の壁画墓では、帳の中に座した夫婦や主人が儀式や饗宴に臨む姿を描いたものもある。一番目の石牌からは、雲気文を施した錦織を用いた豪華な斗帳であったことがわかる。三番目の石牌にある「一丈」は前部分を欠くが、枠〔斗帳構〕の長さを示すものとみてよい。曹魏の頃の一尺を二三・八センチメートルとすると、長さが一丈＝約二三八センチメートルの帳であったと復元できる。墓の中に納める器物としてはかなりのボリュームとなる。

　魏晋墓に帳が多く副葬されていたことは、金具や台座の出土から確認されている〔劉振東二〇一八〕。それは単に調度品を置いたのではなく、被葬者の霊が宿る場所を墓室内に設けたものと考えられている〔向井二〇一四〕。

　曹操は遺令〔『文選』巻六十の陸機「弔魏武帝文」に引く〕において、自分の死後は銅雀台に八尺の寝台を置いて絹の帳で囲み、朝夕に食を供え、毎月一日と十五日には帳に向かって歌舞をおこなうように命じたという。帳が霊の居場所を象徴するものであったことを示す。

　帳に関係する出土品として注目されるのは、魏の年号を紀年として記した青銅製の帳金具である。鉄製の帳金具に「正始八年八月」と記した出土例もある〔李・趙一九五八〕。北京故宮博物院の青銅製金具には次のような銘がある（図12）〔董珊二〇二〇〕。

景初元年五月十日、中尚方造、長一丈廣六尺、澤漆平坐帳上廣構銅、重二斤十兩。

景初元年（二三七）の五月十日に中尚方が製造した、長さは一丈、広さ（幅）六尺で頂部が平らな坐帳の枠の上部長辺にあたる銅製連結金具であり、重さは二斤十兩。

「尚方」とは皇帝用の器物を製作していた工房である。文献では後漢末に中・左・右尚方に分かれたとするが（『大唐六典』巻二十二）、出土品の銘によると後漢中葉には「中尚方」が存在したことが知られる。岡崎敬は曹魏における「中尚方」は、調度品の製作を担当したと考える〔岡崎一九六五〕。この帳の大きさは石碑銘とほぼ等しい。こうした銘を記した帳金具は魏の年号を記した例が多く、曹魏墓に副葬された器物であったことを示す。

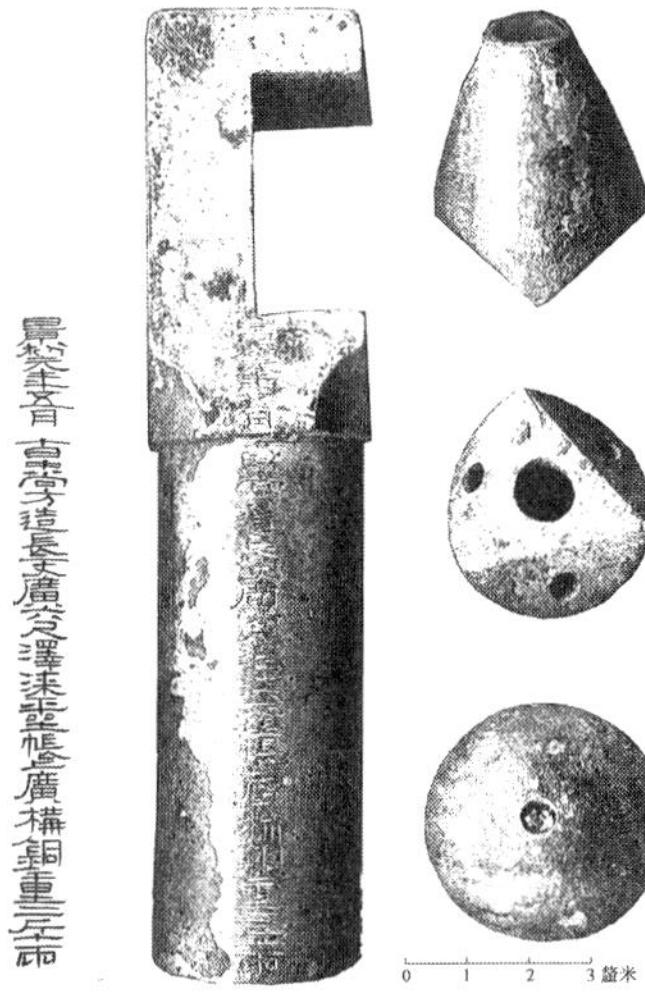

図12　景初元年銘青銅製帳金具

西朱村一号墓に副葬された斗帳も宮廷用品製作工房で作られたものであったにちがいない。その枠となる木製部分には黒漆塗りの地に図柄

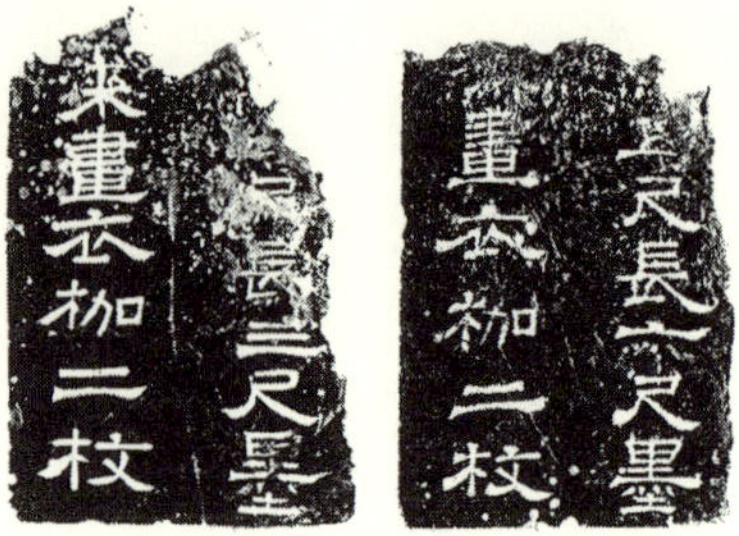

図13　衣掛けの石牌　西朱村一号墓

が描かれ、錦織物で覆われた豪勢なつくりであったこともわかる。

○【什器】[高]五尺長六尺墨[漆]畫衣枷二枚（図13右　M一：四六二、選注七四、流眄釋八九、流眄図一六二）

高さが五尺、長さが六尺で黒漆塗の上に絵が描かれた（墨漆畫）衣掛け（衣枷）が二脚。

○【什器】[高]□[尺]長三尺墨漆畫衣枷二枚（図13左　M一：三六一、選注七五、流眄釋八八、流眄図一五二）

高さが□尺、長さが三尺で黒漆塗の上に絵が描かれた衣掛け二脚。

西朱村一号墓の副葬器物で注目されるのは、先の斗帳のほかにも、このように各種の大型家具の名がみえることである。黒漆塗とされていることから本体は木製であったことがわかる。腐朽しやすく、塼室墓の出土品として残存することは期待できない器物である。絵画としては沂南画像石墓に描かれたものがあり（南京博物院ほか一九五六：図版七九）、二本の脚の上に水平方向に棒を渡し、そこに衣を掛けた様子に表す（図14）。長さの方が高さを上まわる石牌銘の記述は、こうした形状に合致する。高さ五尺＝一一九・〇センチメートル、長さ六尺＝一四二・八センチメートルのものと、高さ不明、長さ三尺＝七一・四センチメート

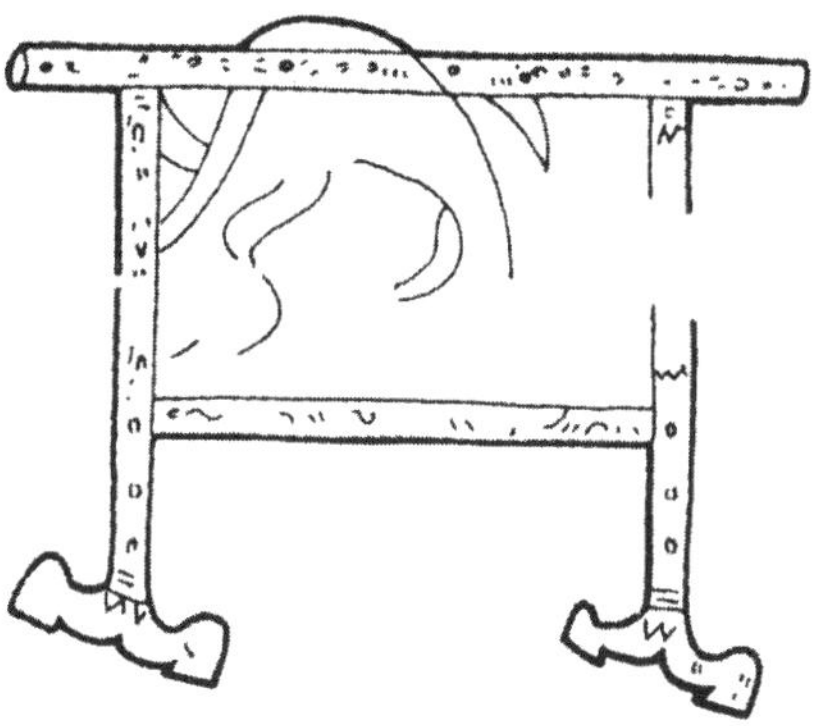

図14　画像石に表された衣掛け

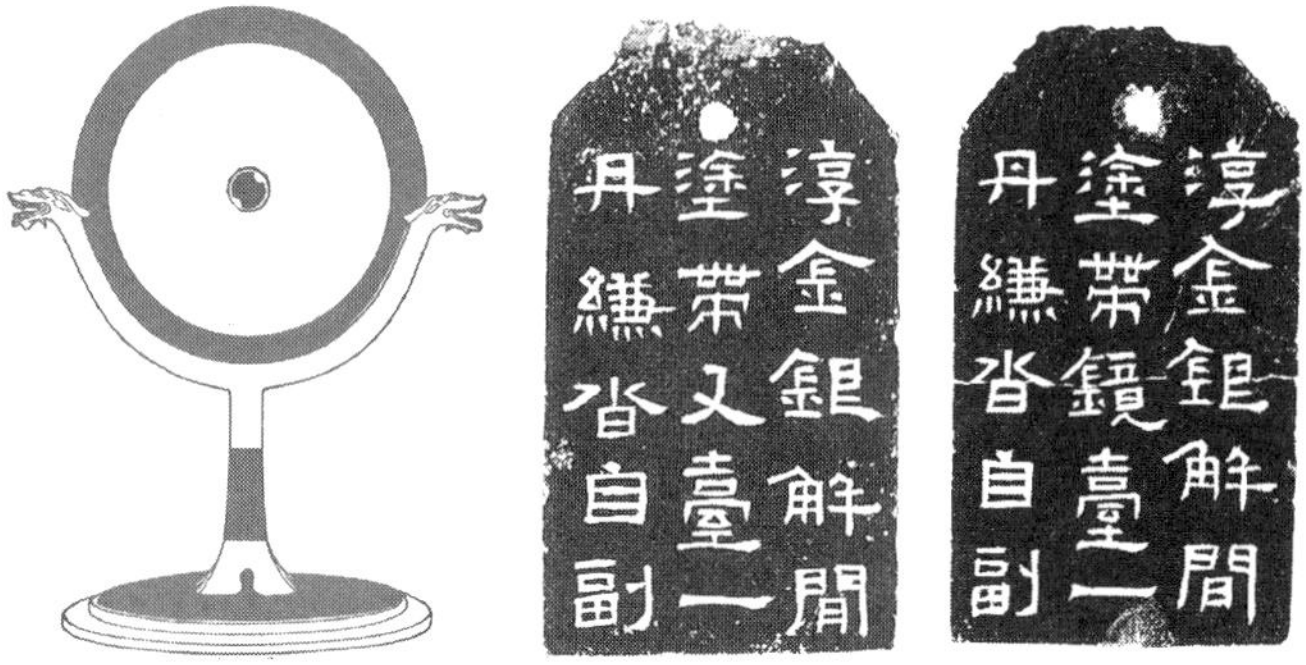

図15　鏡台の石牌と鏡台の復元図　右：西朱村一号墓

ルの大小二脚となる。

衣枷の名は曹操高陵の石牌にも認められる（校注二八）。墓室内に各種の大型家具が副葬品として納められていたことになる。

○【什器】淳金銀解間塗帯鏡臺一、丹縑沓自副（図15右　M一：三二〇、選注一〇五、流眄釋七七、流眄図一八五）

○【什器】淳金銀解間塗帯叉臺一、丹縑沓自副（図15中　M一：一三二、選注一〇六、流眄釋七八、流眄図一八

図16　化粧箱の石牌と出土化粧箱　　右：西朱村一号墓　左：馬王堆1号墓出土品

六）

純金・純銀の金具の間（淳金銀解間）を（漆で）塗って飾りとした鏡台が一点、それに赤いかとりぎぬを縫い合わせた包みがともなう。

双方とも鏡台を記したものであるが、後者が「又」台としているのは、出土品にあるような鏡を受ける部分にU字形の金具を附けた形式の鏡台を示すのだろう（図15左）。二種類の鏡台を納めていたことになる。大型の家具には寸法が記してあるが、こうした中小型の調度品にはない。

宮廷生活において、身だしなみを整えるための鏡台は必需品である。曹操高陵からも単に「鏡臺一」と記したのみの石牌が出土している（校注三〇）。

〇【什器】七寸墨漆畫金帶疏具一合、金錯鏡、丹縑衣自副（図16右　M一：三一四、選注一〇八、流眄釋八〇、流眄図二〇六）

大きさが七寸、黒漆に文様を描いて（墨漆畫）、金の帯を附けた（金帯）盒に櫛など化粧道具が一組入っており（疏具一合）、金で文様を象嵌した（金錯）鏡と、赤いかとりぎぬの包み（丹縑衣）がともなう。

鏡を納めた化粧箱に関する石牌である。寸法が「七寸」としか記されていないのは円形の箱であったことを示すのだろう。馬王堆一号墓の出土品にみられるように、円形の奩と呼ばれる漆器製の化粧箱に、櫛など化粧道具のほか、鉄地に金象嵌を用いて文様を表した鏡が入れられていたものである（図16左）。西朱村一号墓からは、詳細は紹介されていないが復元径約一二センチメートルの八鳳凰文を金象嵌した鉄鏡が出土しており〔王咸秋二〇二二〕、この化粧箱に収納できる大きさである。

後漢後半から魏晋にかけては、銅鏡よりも金象嵌を施した鉄鏡の方のグレードが高かったことが判明している。曹操高陵や曹休墓〔洛陽市第二文物工作隊二〇一一〕からも金象嵌鉄鏡が出土した。

こうした金象嵌鉄鏡は、所有者の身分に応じて大きさにランクがあったことも論じられている〔霍二〇一九〕。曹操が漢の献帝に贈呈した品物の目録「上雑物疏」（『北堂書鈔』巻一百三十六に引く）には、帝に一尺二寸（約二八・五センチメートル）の大型の金錯鉄鏡、皇后に七寸の純銀錯鉄鏡、皇太子に七寸の雑純銀錯鉄鏡、貴人から公主には九寸の鉄鏡が献上されたとあり、大き

図17　香爐の石牌
西朱村一号墓

さや装飾法に差が附けられている。曹操高陵出土鏡は径二〇・五センチメートルでほぼ九寸、曹休墓鏡は径一五センチメートルと七寸に近く、西朱村一号墓鏡はそれより小さく五寸ほどとなる。

魏晋代に鉄鏡が流行した理由はよくわかっていない。銅原料の不足によるものとする考えもある。しかし高位者の持物であったこと、西朱村一号墓の副葬器物全体が手の込んだ細工品が多くを占める点を考えると、銅鏡保有との差異化を図るものだったとも考えられる。

〇【什器】　三合銀香鑪一、槃、丹縑嚢自副（図17　M一：一七九、選注八一、流眄釋一一九、流眄図一四六）

容量が三合の銀製香鑪（爐）が一つで、香鑪を承ける盤と赤いかとりぎぬの嚢をともなう。鏡台と同じく宮中で必要とされる器物であり、中で香木を焚いた。漢墓からは青銅製品が多く出土しているが、石牌銘が示すのは銀製の高級品である。先に玳瑁の産出地として取り上げたベトナムなどの南方地域では「異香」も取れたとある（『後漢書』賈琮傳）。この香鑪もそうした珍しい香木に用いられたものかもしれない。

○【衛生用具】　墨漆行清一、丹縑嚢自副（図18　M一：二六五、選注一一四、流眄釋一二四、流眄図一三〇）

黒漆を塗った木製の便器、すなわちおまる（行清）のことであり、それを収納する赤いかとりぎぬの嚢をともなう。

曹操高陵出土石牌にも「木墨行清一」（M二：九一　校注三二）がある。漢墓には室内にトイレを造り付けた例もあり、死後の生活に必要な設備とみなされていたことがわかる。この場合の「行清」は室内用のおまるを指すものと考えられ、そうであれば宮廷生活用品のひとつとして副葬されたものであろう。

○【楽器】　衡鍾一、墨漆畫枎蘭自副、魚椎一（図19　M一：一五八、選注一七七、流眄釋一一七、流眄図一六七）

図18　おまる（行清）の石牌　西朱村一号墓

図19　楽器（鍾）の石牌　西朱村一号墓

図20　遊戯具（㯓蒲）の石牌　西朱村一号墓

衝鐘が一つ、黒漆を塗って文様を描いた枎蘭（鐘虡　鐘を吊り下げる台）をともなう。また鐘をつくのに用いる魚形の椎が一つある。

衝鐘の石牌はもう一点ある（選注一七八）。

石牌銘には各種の楽器名がみられ、打楽器としては「衝鐘」のほか「鏄鐘四」（選注一七九）と「奏鼓一」（選注一八〇）、弦楽器として「琴一」（選注一八二）、「箏」（選注一八三）、管楽器には「簫」（選注一八四）や「笛」（選注一八六）があり、他に「檛」（選注一八七）、「笆」（選注一八八）も管楽器らしい。

古代中国の墳墓に納められた楽器としては、編鐘など礼の儀式に用いられたものが知られている。西朱石牌にみられる楽器は娯楽用品であろう。

○【遊戯具】　象牙錐畫㯓蒲牀一、五木・籌・丹縑嚢・柙自副（図20　M一：四一五、選注二〇四、流眄釋二三四、流眄図一九七）

象牙に錐で文様を刻んだ（錐畫）樗蒲《ちょぼ》牀（盤）で、それに五木（サイコロ）・籌（算木）・丹縑嚢・柙がともなう。

樗蒲はサイコロを振って駒を進める双六のようなゲームであったらしい。日本でも奈良時代に同じ字で「かりうち」と読むゲームのあったことが、出土品や『万葉集』の研究から明らかにされている〔小田二〇一六〕。ただ中国のものとの関係は不明である。

石牌の樗蒲盤には象牙が用いられ、細い刻線で文様が施された華麗な製品であった。石牌銘にみられる遊戯具には他に樗蒲盤（選注二〇三）、囲碁（囲棊　選注二〇二）、弾棊（おはじきの一種　選注二〇五）、博具（すごろくの一種　選注二〇六）など実に豊富である。いずれも黒漆塗で文様を描いた製品であった。このほかに「金投壺」（選注二一〇）もある。曹操高陵石牌には「樗蒲牀一」がある（校注六五）。

曹魏の文帝は弾棊の名手であったという（『世説新語』巧藝）。楽器と並んでこうした遊戯具が豊富に納められたことも曹魏宮廷における優雅な生活を想起させる。

四　石牌から復元される副葬器物

ここで紹介した石牌銘は西朱村一号墓から出土した石牌の一部にすぎない。しかし、先に示した種類別の数量も合わせてみると、実に多様な器物が墓に納められていたことが理解できるだろう。綬、衣枷などのように、石牌銘によって副葬されていたことが初めてわかった器物もある。寸法や材料、装飾法などの情報もあり、副葬器物の具体的な特徴を推測することもできる。

このようにして復元される副葬器物全体の特徴を整理してみよう。

種　類　多彩な器物で構成されるが、大きくは身の回りの器物と葬送儀礼用品（副葬用に作られた明器もふくむ）とに大別できる。前者の数が多く、この文章で紹介したものもすべて前者である。

身に附けるものとしては衣服に加えて装身具、髪に附ける頭飾りの数がきわめて多いことも特徴である。

身だしなみに関連しては化粧道具もあり、金象嵌鉄鏡を納めた化粧箱やおしろいなどの名がみえる。行清（便器）や唾壺など衛生用品もある。飲食器も多く、小型の金銀製品や漆器製品が中心である。

什器の内容も充実しており、斗帳や寝台など宮廷生活で用いられるものが中心である。机や文房具などもある。

一方飲食に関しては、飲食器と調理具は豊富にみられるが、飲食物や食糧は少ない。穀物名がほとんどで、量も少ないので葬送儀礼に用いられた供献品のようである〔Morishita 2024〕。馬王堆一号墓に各種の食物が大量に副葬されていたのとは異なる。

娯楽用品は囲棊（囲碁）・弾棊（おはじきの一種）・博具（すごろくの一種）・樗蒲（ちょぼ　ゲーム）、

投壺（壺に矢を投げ入れる競技）、鳩車（小児用玩具）など豊富である。楽器は鐘、鼓、琴、箏、笛、籥など打楽器・弦楽器・管楽器がそろう。戦国時代の墳墓に副葬された楽器は礼の儀式に用いられたものであったが、ここでは娯楽用品と考えられる。

武器は少ない。剣に関する石牌が三点あるが（選注一七四〜一七六）、うち二点は貴石や金で飾られた宝飾品であった。

こうした身の回りの物品は宮廷生活に関わる用品が主体ということができる。鏡、文房具、楽器、遊戯具など正倉院宝物として日本に残された器物と品目が共通するところも興味深い。漢代の宮中で整い、曹魏の石牌資料として器物の名がまとまった形で残された宮廷生活文化は長く継承され、後に日本にも伝来したのであった。

材料と装飾　それらの器物の多くが、さまざまな方法で飾られていた。装身具は翡翠（カワセミの羽根）、碧（緑色の玉石）、金銀、タイマイ、珊瑚など希少な材料を用いた装飾性の高い品物である。

また什器や飲食器には「墨漆畫」が多く登場し、黒漆塗の上におそらくは朱色を用いてさまざまな文様を描いて飾っていたことがわかる。

なお曹操高陵出土石牌銘は、西朱村石牌に比べて装飾についての記載がとぼしい。遺存した石牌の数が少ないことから全体的な比較はむずかしい。また西朱村石牌では記載法に変化が生じて、より詳しくなった可能性もある。しかし薄葬を命じた曹操墓では、副葬器物が装飾面に関しても相対的に質実なものが中心となり、西朱村一号墓では同じ品目でもより豪華な製品が選ばれたことは考えられる。

西朱村一号墓が造営された頃と推定される魏明帝時代には、宮殿などの造営工事が盛んにおこなわれた。青龍三年（二三五）には洛陽宮の大改修をおこない、昭陽殿・太極殿を建造したほか、庭園設備を整備した（『三国志』魏書・明帝紀青龍三年の条）。民の疲弊を招くものとして、楊阜・高堂隆といった家臣から明帝はきびしく諫められている（『三国志』魏書・高堂隆傳および楊阜傳）。帝が愛玩品や装飾品に執着し、中尚方がそうした物品の製作に従事させられていたとの記事もある（『三国志』魏書明帝紀に引く『魏略』）。西朱村一号墓の豪華な副葬品は、こうした時代的風潮を示すものと理解できる。

石牌にあらわれた装飾品や遊戯用品の用例として、文帝や曹植の文学作品やエピソードを取り上げたように、優雅な宮廷生活用品の使用を賛美する姿勢は、明帝のみに帰せられるのではなく、曹魏宮廷全体の風潮でもあり、それが墓葬にも反映されたと理解する。贅沢品の製作を尚方などに担わせる風は、正元元年（二五四）、高貴郷公が皇帝に即位した時にようやく止めさせたという（『三国志』魏書三少帝紀・高貴郷公）。

曹操の遺令などにより「薄葬」という印象が強い魏墓の副葬品の実態に対して、石牌資料は新たな側面を明らかにするものでもある。

副葬器物の配置　宮廷生活用品主体という面から、墓葬における各種副葬器物の種類や組み合わせについて考えてみよう。

斗帳は柱を金具で連結して枠をつくり、織物を被せて覆いとしたものである。それは幅が二メートルを越える大型の副葬器物であった。斗帳の中には台座があり、敷物が敷かれていた。邸内において貴人の座所であったが、先述のように墓においては被葬者の霊の居場所（神坐）として用いられた〔向井二〇一四〕。

同じく大型の家具として衣掛けがあり、幅約一・四メートルで高さ約一・二メートルのものと、その半分の大きさのものが二脚あった。別に寝具も用意されている。各種の机や文房具の名もみられる。燈火具や香爐も備える。曹操高陵石牌には大きさが三尺五寸＝約八三センチメートルと一尺五寸＝約三六センチメートルの屏風も認められる（校注二二・二三）。

鏡台、香爐、行清、楽器、遊戯具は、このような被葬者の霊が宿る場所を取り囲むように置かれていたと推定されよう。生前と同じく、華やかな宮廷生活に必要な器物を近くに並べそろえることを意図したものとみる。

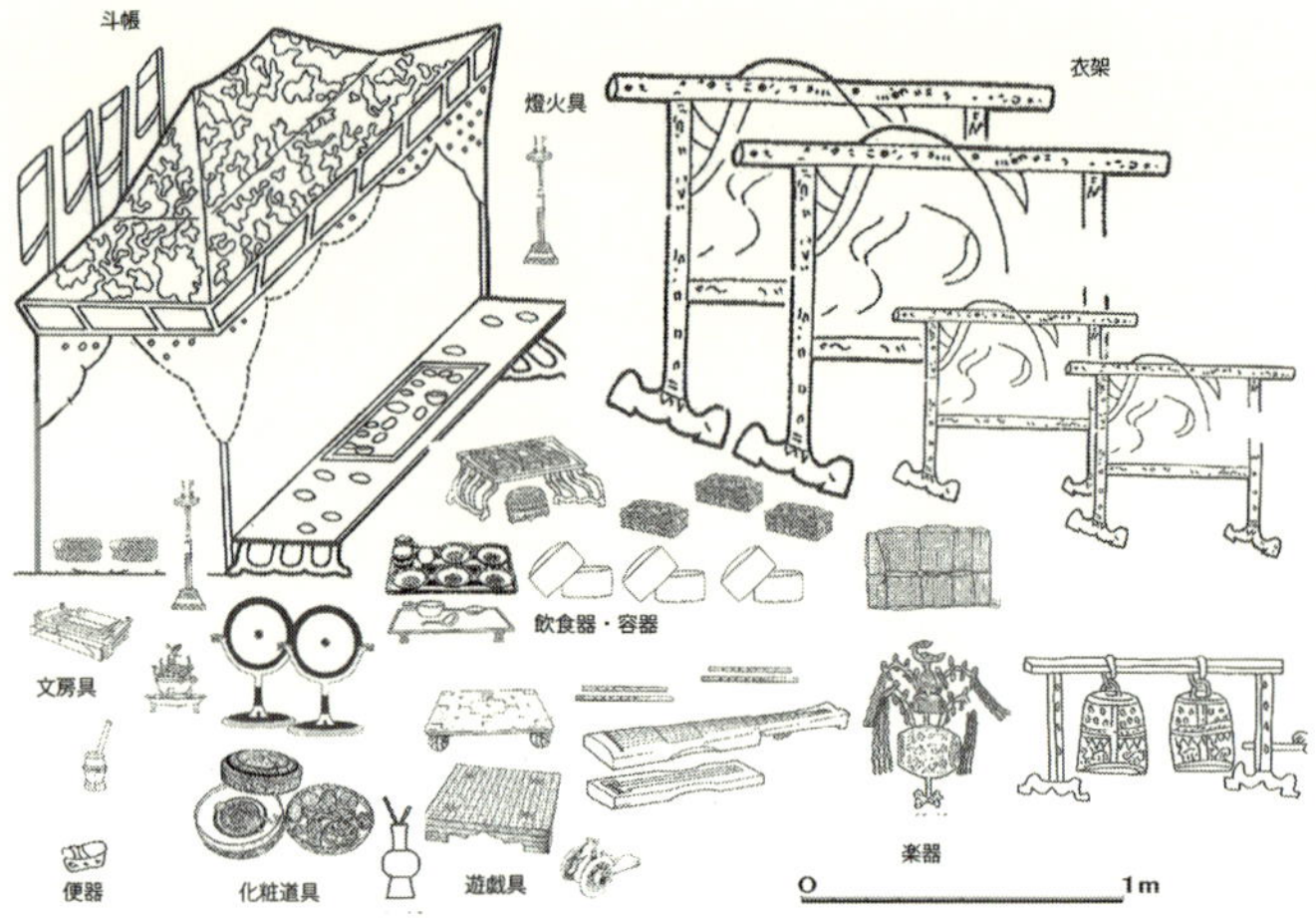

図21　西朱村一号墓副葬主要器物のイメージ図

おわりに

以上に想定した大型品を中心とする副葬品の全体像を、当時の図像資料などを使って示してみた（図21）。イメージ図であり、器物の形態や細部が石牌の内容と合致するものではない。しかし、実物としては腐朽して残されていないが、かなり大型の物品が墓室に置かれていたことが理解できよう。

西朱村一号墓において主たる副葬品の置き場所と推定される前室の大きさは東西四・四メートル、南北四・九メートルである。副葬器物の全体は墓室を埋め尽くすほどのボリュームとなることがわかる。限られた墓室空間内にかなり圧縮された形ではあるが、斗帳を中心に各種用品で取り囲み、宮廷生活の姿を集約的に再現したのであった。

それらの器物には小さな宝玉や金銀製の金具が附けられ、木製部分には漆で文様が描かれ、あるものはカワセミの羽・象牙・タイマイなどを用いて、細かい部分に各種の装飾を施したものが中心であった。石牌銘もその装飾の特徴を強調する。

漢代に流行した玉衣・礼器のような特別な埋葬用品・儀礼用品、あるいは器物の大量副葬といった風習は姿を消している。墓室内でも繊細な装飾を施した宮廷生活用品にとり囲まれることが重視されるようになったのである。それは来世の生活で希求されたスタイルであった。小さな差異に価値や地位の表示を求めた社会への推移を読み取ることもできる。

引用・参考文献

王　咸秋　二〇二一「洛陽西朱村曹魏一号墓墓主考」『華夏考古』第三期

王　咸秋　二〇二二「洛陽西朱村曹魏墓石楬的発現與分類研究」『中国書法』第三期

欧　佳　二〇二一「洛陽西朱村曹魏墓M1出土石楬所記服飾考論三則」『南京芸術学院学報』四期

大谷育恵　二〇一一「三燕金属製装身具の研究」『金沢大学考古学紀要』三二、金沢大学考古学研究室

岡崎　敬　一九六五「漢・魏・晋の「尚方」とその新資料」『東方学』第三一輯、東方学会

小田裕樹　二〇一六「盤上遊戯「樗蒲《かりうち》」の基礎的研究」『考古学研究』第六三巻第一号、考古学研究会

霍　宏偉　二〇一九「洛陽西朱村曹魏墓石牌铭文中的鏡鑑考」『博物院』第五期

河南省文物考古研究院（編）二〇一六『曹操高陵』、中国社会科学出版社
湖南省博物館・中国科学院考古研究所（編）一九七三『長沙馬王堆一号漢墓』、文物出版社
「三世紀東アジアの研究」班（向井佑介・森下章司）二〇二二「洛陽西朱村曹魏墓出土石牌銘選注」『東方学報』京都第九七冊、京都大学人文科学研究所
「三世紀東アジアの研究」班（向井佑介・森下章司）二〇二三「曹操高陵出土石牌銘校注」『東方学報』京都第九八冊、京都大学人文科学研究所
山東省文物考古研究所（編）二〇一六『臨沂洗硯池晋墓』、文物出版社
時軍軍　二〇二〇「従出土石牌銘文〝朱綬〟看西朱村曹魏大墓等級」『中国国家博物館館刊』第五期
史家珍・曹錦炎・王咸秋・孔震（編）二〇二一『流眄洛川　洛陽曹魏大墓出土石楬』、上海書畫出版社
鈴木直美　二〇一一「馬王堆三号墓出土簡にみる遣策作成過程と目的」『文献と遺物の境界—中国出土簡牘史料の生態的研究—』、六一書房
鈴木直美　二〇一四「鳳凰山前漢墓簡牘にみる遣策作成過程と葬礼準備」『文献と遺物の境界—中国出土簡牘史料の生態的研究—』Ⅱ、東京外国語大学アジア・アフリカ言語文化研究所
孫　機　二〇一一『漢代物質文化資料図説（増訂本）』、文物出版社
趙　超　二〇一九「洛陽西朱村曹魏大墓出土石牌定名与墓主身份補証」『博物院』第五期
董　珊　二〇二〇「景初元年帳構銅考」『秦漢銘刻叢考』、上海古籍出版社

南京博物院・山東省文物管理処　一九五六『沂南古画像石墓発掘報告』、文化部文物管理局出版
林巳奈夫　一九七六『漢代の文物』、京都大学人文科学研究所
向井佑介　二〇一四「墓中の神坐―漢魏晋南北朝の墓室内祭祀」『東洋史研究』第七三巻第一号、東洋史研究会
洛陽市第二文物工作隊　二〇一一「洛陽孟津大漢冢曹魏貴族墓」『文物』第九期
洛陽市文物考古研究院　二〇一七「河南洛陽市西朱村曹魏墓葬」『考古』第七期
李宗道・趙国璧　一九五八「洛陽一六工区曹魏墓清理」『考古』第七期
李　零　二〇一九「洛陽曹魏大墓出土石牌銘文分類考釋」『博物院』第五期
劉玉新　一九九九「山東省東阿県曹植墓的発掘」『華夏考古』第一期
劉振東　二〇一八「新見漢晋南北朝時期的帷帳」『文物』第三期
劉芳芳　二〇二一「漢代玳瑁器初歩研究」『東南文化』第二期
Morishita, Shoji 2024 The stone tablets unearthed from T'sao T'sao Mausoleum and Tomb No. 1 in His-chu-ts'un, Lo-yang, and the burial system of the T'sao Wei. *ACTA ASIATICA* 126, The Toho Gakkai

挿図出典

図一・四　湖南省博物館・中国科学院考古研究所（編）一九七三『長沙馬王堆一号漢墓』、文物出版社　図版八　図九九・一〇一

図二・三　河南省文物考古研究院（編）二〇一六『曹操高陵』、中国社会科学出版社　図二七　彩版七九・八七

図五～二〇　石牌の拓本は史家珍・曹錦炎・王咸秋・孔震（編）二〇二一『流眄洛川　洛陽曹魏大墓出土石楬』、上海書畫出版社より

図七左　山東省文物考古研究所（編）二〇一六『臨沂洗硯池晋墓』、文物出版社　図二〇九

図一一　李宗道・趙国璧一九五八「洛陽一六工区曹魏墓清理」『考古』七期

図一二　董珊二〇二〇「景初元年帳構銅考」『秦漢銘刻叢考』、上海古籍出版社　図一

図一四　孫機二〇一一『漢代物質文化資料図説（増訂本）』文物出版社、図版五五―一一

図一五左　孫機二〇一一『漢代物質文化資料図説（増訂本）』文物出版社、図版七〇―七を改変

図一六左　孫機二〇一一『漢代物質文化資料図説（増訂本）』文物出版社、図版六六―二二

図二一　孫機二〇一一『漢代物質文化資料図説（増訂本）』などから合成

《執筆者》

岡村　秀典（おかむら　ひでのり）　黒川古文化研究所所長　京都大学名誉教授　中国考古学

向井　佑介（むかい　ゆうすけ）　京都大学人文科学研究所准教授　中国考古学

森下　章司（もりした　しょうじ）　大手前大学国際日本学部教授　日本考古学

新・京大人文研漢籍セミナー1

清と濁の間
――銘文と考古資料が語る曹操とその一族

二〇二五年二月二〇日第一版第一刷印刷
二〇二五年二月二〇日第一版第一刷発行

定価［本体一六〇〇円＋税］

編　者　京都大学人文科学研究所附属人文情報学創新センター
発行者　土江洋宇
発行所　朋友書店
〒606―8311
京都市左京区吉田神楽岡町八
TEL 075（761）1285
FAX 075（761）8150
印刷・製本　亜細亜印刷

ISBN978-4-89281-210-1 C0322